#SUPERFEMINAS

No mandan

¡LIDERAN!

#SUPERFEMINAS

No mandan

¡LIDERAN!

7 Paises

A INTERNACIONALIZARSE

BY LUCIA ALLENDE

Título: Superfeminas no mandan, lideran.
© 2018, Lucía Allende

De la maquetación: 2018, Romeo Ediciones
Del diseño de la cubierta: 2018, NINWEB
Círculo de vida: Silvia García Tapia
Fotografía: José Ros Piñar
Maquillaje: Magali Caballe Dabosh

Primera edición: octubre de 2018
Segunda edición revisada: enero de 2019

Impreso en España

ISBN-13: 978-84-17259-86-0

Índice

EN MEMORIA DE... 13

GRACIAS A.... 17

PRÓLOGO DE GLORIA GÓMEZ CANAL 21

INTRODUCCIÓN 27

I. OSLO, NORUEGA. 29

#TÉCNICAS FEMENINAS DE LIDERAZGO 31

FUERZA FEMENINA
Y TÉCNICAS DE LIDERAZGO.. 33
TOMA DE DECISIONES.. 43
TÉCNICAS DE ALTO RENDIMIENTO.. 47
CREAR RELACIONES.. 49
SUPERPODERES
Y FORTALEZAS.. 51
COMUNICACIÓN.. 57

II. AMSTERDAM, HOLANDA. 63

#GESTIONAR EL TIEMPO 65

PLANIFICA TU DÍA/SEMANA/MES.. 69

LISTA DE TAREAS. 71
LISTA DE OBJETIVOS. 73
PLANIFICA TU
MOMENTO GLAMOUR. 77
PASAR PÁGINA. 79
LIBRO DE APUNTES.. 83
DUEÑA DE TU IPHONE. 85
QUIEN MADRUGA,
TIENE ORO EN LA BOCA. 87
LISTA DE PREMIOS. 89
¿CÓMO LO HIZO? 93

III. MILANO, ITALIA. 97

#IMAGEN 99

TU MOMENTO. 103
¿CON QUÉ VIBRAS? 105
¿QUÉ VALORES APORTAS? 109
BALANCE 111
REGALOS SOCIALES 113

IV. KUALA LUMPUR, MALASIA. 117

#FINANZAS 119
EL DINERO. 127
LA VIDA. 133
SHOW ME THE MONEY!. 135
¿CÓMO LO HICE? 141

**V. NEW YORK, PARIS, ROMA,
DUBAI & LONDON.** 149

#FÉMINAS 151

LAS URBANAS. 153
LAS COSMOPOLITAS. 155
LAS ACADÉMICAS. 157
LAS FAMILIARES. 159
LAS FEMINISTAS EXTREMAS. 161
LAS DEPORTISTAS. 163
LAS SUPEREXITOSAS.. 165
LAS ULTRAFEMENINAS. 167
LAS MULTIMUJERES. 169
LAS INTERNACIONALES. 171
EJEMPLOS DE MUJERES
FAMOSAS E INTERNACIONALES.. 175

VI. DE BUENOS AIRES
A PARÍS. 179

#DE FÉMINA A SUPERFÉMINA 181

LA TRANSFORMACIÓN. 185
DE FÉMINA A SUPERFÉMINA.. 187
LIBÉRATE. 189
FOCUS ESPOCUS. 195
ACEPTACIÓN.. 197
¿CÓMO LO HIZO? 201

VII. INTER-MINDSET.. 207

#TENERLO TODO 209

ESTADOS EMOCIONALES. 217
PROGRAMACIÓN DE CREENCIAS.. 221
PATRONES LIMITANTES. 223
AUTORREALIZACIÓN. 225
SABER QUIÉN ERES. 227
CONCIENCIA.. 231

AMOR Y SEXO 235

PALABRAS FINALES 239

CONSEJOS 241

SUPERFÉMINAS 243

REFERENCIAS 247

BIOGRAFÍA 251

FUENTES 255

LIBROS FUENTES 257

*«El liderazgo femenino no está
en nuestras piernas,
sino en nuestro cerebro.»*

#VioletaVerdu

EN MEMORIA DE...

Mi querida abuela Lucía,

una líder natural.

Esta es una de sus mejores enseñanzas:

*«Una mujer fuerte
se complementa con sabiduría.»*

#LuciaGuerrero

Siempre estarás presente.

Te queremos...

«*Soy una mujer emprendedora.*
No para competir con otras,
sino para ser la mejor
versión de mí misma.»

#EmprendoMix

GRACIAS A...

Lucía Guerrero:
Mi abuela, líder innata
y fémina ejemplar.

Mercedes Allende:
Mi madre, empresaria,
diseñadora y líder innata.

**A Arantxa Coca, España;
Verónica Sosa, Bélgica;
Silvia García, México;
Gloria Gómez Canal, Inglaterra.**

Y a todas aquellas mujeres,
amigas poderosas, emprendedoras,
líderes que motivan a otras
a ser la mejor versión de ellas mismas.

Xoxo

«Soy mujer de alas y no de jaula.»

@LinaStorni

Como féminas que somos tomamos diferentes tipos de decisiones todo el tiempo: en el hogar, en lo laboral, en lo social, sin olvidar aquellas decisiones íntimas como son las personales. Una decisión fundamental para nuestras vidas es justamente saber liderar estas sin prejuicios, sin arrepentimientos y en completa seguridad.

El liderazgo es una habilidad que todas podemos aprender. Por tanto, todas podemos llegar a ser grandes líderes en nuestros ámbitos. Hay aquellas que por naturaleza llevan este rol como parte de su ser y otras que necesitan más tiempo para aprender a liderar con eficacia. Existe la teoría de que un buen líder nace y que lleva el liderazgo en su ADN. Puede que sea cierto o puede que no, de todas maneras con este libro y practicando los ejercicios podrás lograr ser una fémina líder, decisiva, razonable, responsable, leal, flexible y empática en el ámbito que elijas.

Toda mujer es única y cada una de nosotras tiene una diversidad de estilos para realizar determinadas tareas y liderar eficazmente en nuestros hogares y negocios. En general, en el mundo de los negocios existen ciertos protocolos a seguir que en el mundo masculino se han desarrollado. Es interesante conocer estos protocolos laborales para, como fémina líder que eres, desarrollar tu propio estilo, evolucionando a un liderazgo justo y responsable, sin abandonar tu ser femenino. Este nuevo estilo cercano a quien eres, te identificará y te diferenciará como una líder ejemplar y querida.

PRÓLOGO DE
GLORIA GÓMEZ CANAL

«EDUQUE UNA MUJER, EDUQUE UNA FAMILIA, EDUQUE UN NIÑO, EDUQUE UN HOMBRE»

No lo van a creer. ¡Superfeminas! es un libro para todos los géneros. Tiene más de 247 páginas con ilustraciones muy interesantes y está escrito con tanta creatividad que no querrás abandonar sus páginas, ni siquiera por un ratito.

A primera vista la autora puede parecer feminista extrema, pero la verdad es que está más orientada al liderazgo femenino, sin caer en ningún momento en insultos al otro género. Todo lo contrario, en estas páginas nos cuenta su viaje desde muy niña, y recalca la igualdad y el respeto entre todos, sin importar el sexo.

En el libro se describe cómo es la vida europea en países como Holanda, Francia, Inglaterra: se madruga mucho, se trabaja mucho. A veces pienso que no hay calidad de vida. Aunque lo tengamos todo -o casi todo- no es lo mismo. El cumplimiento de compromisos -como citas médicas o quedar con amistades- es muy respetado. Un estilo de vida muy diferente al latino o hispano, que tenemos fama por "¡mañana!".

En Europa las amistades son cuidadosamente escogidas, y pocas veces se comparte con los amigos, como ocurre en los países latinoamericanos.

No hay tiempo para largas caminatas después de cenar, excepto en lugares como el sur de España, especialmente en verano.

Antes era muy común ver esos paseos, por ejemplo, en Madrid y Barcelona, donde se solían hacer para dedicarle tiempo a la familia, al marido que trabajaba todo el día... Pero hoy en día es distinto. "Un sueldo" no mantiene un hogar. La pareja llega muy cansada después de la jornada laboral y los hijos tienen otra vida. En fin, todo ha cambiado.

Y eso me hace pensar que el hombre se vio obligado a permitir que la mujer formara parte de la economía familiar. Lo que no se pensó nunca fue que la capacidad femenina de poder con su hogar, sus hijos y su trabajo fuese más lejos de lo pensado. Hay muchas madres con 4 o 6 hijos que siguen trabajando y luchando por el bienestar de todos y con mucho éxito.

En los años 40 y 50 la mujer estaba sometida a un marido, al hogar, no había opciones de divorcio o dejar al marido no era bien visto por la sociedad. Hoy el divorcio o la separación es el pan de cada día, y la sociedad, calladita.

También tenemos que evaluar la importancia de la educación femenina. Hoy en día la mujer tiene más oportunidades de estudio y está menos obligada a estudiar carreras simples. Hoy la mujer sabe lo que quiere y no es raro ver mujeres poderosas en todo el mundo.

Claro, no hay que olvidar el aprendizaje de nuestros ancestros femeninos, que ha dejado unas huellas valiosas en la mujer de hoy:

"¿Sabía usted que las nietas heredan la mayor carga genética de su abuela y esas abuelas de antes eran sabias?".

Y en esos tiempos de guerras la mujer tuvo un rol clave para lograr un bienestar económico mientras que sus maridos peleaban en las confrontaciones. Muchos no volvían, pero ellas trabajaban duro y mantenían su hogar, enviaban a sus maridos paquetes y cartas amorosas dándoles ánimo para volver.

Aunque no es fácil entender el feminismo en países donde todavía el machismo, la religión y ciertas prácticas culturales están muy ancladas en hace miles de años.

Feminismo -como lo explica Lucía- no es que la mujer sea antifemenina. Por lo contrario, la idea es llegar al punto de hacer entrar en razón al radicalismo masculino, de lograr que en los seres humanos no prevalga un género en particular. Aunque hay cosas que la mujer puede hacer y otras que el hombre no puede, como una mujer puede ser madre y dar de amamantar a su cría o el hombre tener más fuerza porque sus órganos son diferentes a los de la mujer, pero en nuestra capacidad intelectual somos iguales, aunque no siempre se comprenda esto.

23

Este es un libro para todos, pero está escrito especialmente para la mujer que busca liderazgo e independencia y tener una mente totalmente abierta al mundo, a las responsabilidades, a los fracasos, a los éxitos.

La mujer de hoy que quiera concentrarse en ser una superfemina líder tiene que conocerse a sí misma y estar entre personas positivas que buscan un cambio total en sus vidas. Pero eso implica un trabajo, no viene solo, hay que tocarlo, desearlo y -muy importante- planificarlo. Como dice Lucía hay que tener autoconfianza, porque en la energía universal es posible lograr nuestros sueños, cuando fallan es porque no los seguimos o no le dimos el tiempo necesario a ese sueño de niña.

Hay unos que ya nacen líderes buenos y otros líderes malos, está el que lidera y el que obedece. Pero eso no quiere decir que no podamos llegar a una meta deseada.

Por eso es muy importante saber qué queremos y cómo lo queremos. Recordemos, la capacidad femenina es multifacética, es la capacidad de ser flexibles, de entrar en razón desde muy pequeñas. El desarrollo femenino es más rápido que el desarrollo masculino, y -respetando la inteligencia masculina- posiblemente son más precavidos, pero llevamos nosotras las riendas.

En la vida estudiantil todos/as nos dejamos llevar por nuestras amistades o familia y casi siempre escogemos una carrera que no es compatible con nuestra inteligencia o energía. Pero ese error lo cometemos todos, tanto el género masculino como el femenino. Lo más importante de una carrera universitaria es saber conocer a los amigos y compartir con ellos nuestras habilidades y sueños, siempre hay uno un poco negativo y otro más positivo, hay que medir a los dos y sacar una conclusión. Mirar qué pesa más, y eso nos ayuda a definir si es posible llevar a cabo ese sueño.

En los tiempos de antes la mujer siempre soñaba con tener una hija actriz o un hijo famoso. Era un sueño femenino o era lo que a la madre le hubiese gustado ser. Hoy no se piensa así. Hoy la mujer decide y planifica la llegada de su hijo: ella quiere un niño sano, independiente y amable.

Podemos ver cómo han cambiado las nuevas generaciones, ya nacen aprendidas. La verdad es que la mujer ha evolucionado y sabe que es mucho más importante educar a su bebé -aun antes de nacer- para ser independiente si es varón, para respetar a su madre y su hermana. En nuestra tierra se dice: "El que es buen hijo es buen padre, un buen marido y buen hermano".

Si es una nena hay que enseñarle a ser independiente y hacerse respetar desde pequeña. El respeto es muy importante en un hogar. La educación de los hijos es un espejo de sus padres. El niño no cuenta nada, no lo necesita, pero por cómo se comporta en la escuela o en la calle ya sabemos cómo vive en casa. Y esto lo explica el libro muy bien. El sacrificio de ser una superfemina líder es poder evaluar qué es más importante para ella, su hogar, su vida casera o tener un puesto importante donde no tendrá mucho tiempo de ver a su familia. Se puede tener ambos, pero será más difícil.

Para una mujer exitosa la comunicación es muy importante, tanto la verbal como la no verbal. Lucía lo explica muy bien en la página 51.

El comportamiento femenino se admira mucho. Un comportamiento no adecuado no es aceptado en el mundo de los negocios y menos en el mundo diplomático o en una sociedad que está compitiendo a todo momento.

Por eso es importante estar segura de lo que se dice y cómo se dice. Hay que tener una conversación coherente y firme, no permitir burlas o que se cambie de tema sin más. En eso se falla mucho. Hay mujeres que son súper inteligentes, pero no pueden comunicarlo como otras, no pueden escribirlo. El mundo de hoy es difícil, por eso el aprendizaje de idiomas, de conocer el mundo, sus culturas y vivirlas abre puertas. Como lo dice y explica muy bien Lucía en "Las Cosmopolitas".

Disfrutar de un viaje de aprendizaje por el mundo permanece de por vida en nuestra mente y nuestros corazones. No se olvida, se vive y se conserva. "Dicen que lo que no se tiene, no se extraña" y "lo que no nos dieron, no lo damos". (Amor, felicidad seguridad, por eso se hace énfasis en una buena educación y seguridad desde muy temprana edad).

La libertad y la independencia femenina es apoyada a nivel mundial, pero, sin embargo, hay que seguir luchando por la igualdad de sueldos y por el respeto hacia la mujer que quiere ser respetada compartiendo los mismos derechos masculinos.

Al igual es importante que la mujer aprenda a dedicarse al menos media hora diaria a ella misma, sin nadie a su lado, sin teléfonos ni amigos, solo para sí misma. Yo creo que una buena meditación es excelente alimentación de cuerpo y alma.

Así, mis queridos lectores o lectoras, les recomiendo este libro tan fácil de leer y tan bien explicado, que lo tendrán como referencia de la vida.

<u>"SUPERFEMINAS NO MANDAN, ¡LIDERAN!"</u>
<u>GLORIA GÓMEZ CANAL</u>
<u>BA (HONS) POLITICS MASTER IN DIPLOMACY</u>
<u>MASTER IN MENTAL HEALTH</u>
<u>15 AÑOS EN PERIODISMO RADIO   2 AÑOS EN REI-</u>
<u>KI Y KARUNA MASTER</u>

INTRODUCCIÓN

Con este libro podrás aprender técnicas de liderazgo, ya sea para la vida laboral como también para llegar a mejores resultados en tu vida personal. Como vivimos en un mundo bastante masculino hemos de aprender a empoderar aquella fuerza femenina dentro de nosotras. Si eres una fémina con una mentalidad abierta y quieres aprender nuevas técnicas, aquí podrás encontrar consejos útiles de este tiempo y efectivos para aplicar al día a día. Además, si este libro llega a tus manos en los países más desfavorecidos, espero te brinde esa fuerza interior o nuevas ideas para mejorar tu vida y ser la mejor versión de ti misma.

Escribo este libro desde mi propia experiencia laboral, social y familiar, en colaboración con mujeres poderosas internacionalmente, cada una siendo líderes en sus propios ámbitos. Ellas han sabido dejar huella en mi vida y con su apoyo he superado mi persona, mejorando así mi estilo de liderazgo en general, la comunicación y la asertividad. La idea es desarrollar un libro que esté en continuo desarrollo, incrementando cada año la fusión de nuevas técnicas, herramientas y consejos para liderar eficazmente en un mundo que necesita el desarrollo de más superféminas como tú.

Las mujeres de mi familia han marcado nuestro linaje dejando por años huellas de un liderazgo femenino decisivo y vigoroso. Siendo líderes naturales o por necesidad, han sabido dejar enseñanzas de vida de las cuales, hoy todas podemos instruirnos. A través de ejemplos prácticos compartiré estas experiencias y enseñanzas. *Una fémina líder debe saber las reglas básicas del juego, conocer sus fortalezas y debilidades, ser fiel a sí misma y a sus valores, estar en continuo aprendizaje y rodearse de mujeres poderosas, tal como ella.*

El liderazgo es una habilidad que no conoce fronteras, género, preferencia sexual o nivel académico. Es una habilidad para muchas ya natural, necesaria para tomar decisiones diarias, con la meta de generar mejores resultados. Asimismo, como el auto-liderazgo es un «must» a desarrollar, el saber motivar y dirigir a tu equipo, al igual que conocer técnicas de altorendimiento, son capacidades que la nueva líder debe saber aplicar tanto en otros como en sí misma.

> *#Superféminas*
> *#Æmbassy.com*
> *#EntrepreneuraFoundation*
> *#MissAllende*

I. OSLO, NORUEGA.

Cuando era niña solía pasar tiempo con mi padre en Oslo, allí conocí la historia de las mujeres vikingas poderosas. Cerca del año 900, la húsfreyja era la mujer vikinga casada de un nivel social medio. Se consideraba la dueña y la máxima autoridad en casa, mantenía control y la organización sin necesidad de la aprobación de su marido. Sin embargo, en el estudio arqueológico ejecutado por McLeold se ha demostrado que las mujeres vikingas pudieron haber igualado a los hombres guerreros en combate. Haciendo a la mujer vikinga importante, no solo a nivel económico, sino también como guerreras. La mujer vikinga solía ser el alma de la sociedad donde vivían, mientras que el marido era el brazo fuerte y estable en la familia, liderando juntos nuevas tierras.

#TÉCNICAS FEMENINAS DE LIDERAZGO

Aunque sea difícil creerlo, ya hace mucho las mujeres han sido un grupo unido en diferentes tribus en Alaska, Filipinas, Sudamérica y en muchos otros países. Las llamadas «*Women Hunters*» (mujeres cazadoras) han sabido trabajar en grupo para cazar y alimentar a sus familias. Nos caracterizamos, muchas veces, por nuestra capacidad de tener empatía, cuidar, colaborar, administrar, nuestra flexibilidad a los cambios y ser capaces de mostrar vulnerabilidad sin avergonzarnos. Además, en estos últimos 50 años hemos vuelto a utilizar otras herramientas eficaces, como técnicas concretas, administración, tomar riesgos serios y decisiones rotundas, como aquellas mujeres cazadoras de entonces. Hoy en día la mayoría de nosotras seguimos recolectando, guardando, administrando y cuidando. Solo nos hace falta mirar en nuestros hogares y ver cómo guardamos para el futuro de nuestros hijos, administramos para que los ingresos alcancen y podamos realizar todas las actividades que tenemos en mente, cuidando instintivamente de nuestros seres queridos.

Las cualidades femeninas definen a una líder diferente, carismática, por sus extraordinarias capacidades, lo que nos lleva a desarrollar nuevas formas actuales de liderazgo femenino gestionando y evolucionando desde nuestras diferentes posiciones.

La nueva locomotora de la economía empresarial mundial está representada por mujeres y es de un 37%.

Global Entrepreneurship Monitor (GEM) reporta la cifra de 126 millones de mujeres que en 2012 han empezado a emprender, además de los 98 millones de mujeres que ya lo hacen desde hace más de 3 años y medio.

Se refleja una fuerza femenina que estuvo dormida y que hoy encaja perfectamente con las nuevas necesidades de nuestra sociedad.

Féminas líderes, recordemos la importancia de NO seguir imitando el modelo de liderazgo masculino. Con esto no quiero decir que no valoremos estas virtudes o aportaciones masculinas, sino que ejerzamos y manifestemos, justamente, todas las habilidades femeninas, nuestros valores, nuestro pensamiento colectivo, nuestro sexto sentido y así fortalecer, ejerciendo con todo nuestro potencial femenino.

FUERZA FEMENINA
Y TÉCNICAS DE LIDERAZGO.

- Creo que la base de cualquier técnica de liderazgo rasga principalmente en el autoliderazgo, si no sabes gestionarte a ti misma, será muy difícil poder llevar las próximas herramientas a terreno. Autoliderazgo es la capacidad de responsabilizarse por sí mismo en todos los sentidos: toma de decisiones, acciones, control sobre las emociones, resultados y consecuencias. Autoliderazgo es autocontrol, autodisciplina, dominio propio, autoevaluación, saber escuchar tu voz interior y ser protagonista del presente de tu vida. Para llegar a ser una líder vigorosa necesitas tener un alto nivel de desarrollo personal y de autoliderazgo, responsabilizarte de tus decisiones, de los resultados, saber ejecutar tus decisiones llegando así a cada meta propuesta. Si no eres capaz de liderar tu propia persona no estás preparada para liderar a otras.

- Sé proactiva, no esperes a que algo suceda, provócalo, planifica y ejecuta los pasos para que ocurra lo deseado. Da pasos al frente, ve por lo que quieres, organiza tu comportamiento para hacer realidad lo que persigues. No hay nadie que te regale tus metas, búscalas, persíguelas, conecta con gente que te pueda aconsejar, instruir, mentorizar y ayudar a conseguir las metas planificadas.

- Autoconfianza. Has de reconocer en ti la capacidad de tu poder para afrontar posibles dificultades, sobrellevar los obstáculos, vencer tus frustraciones y saber llevar el sentimiento de fra-

caso o éxito. Asimismo, la autoconfianza es el convencimiento propio de que eres capaz de realizar con éxito un determinado objetivo, o bien saber elegir la mejor alternativa cuando se establece un problema, tomando en ese momento la mejor decisión a pesar de las consecuencias. Imagina una situación donde tienes que despedir a alguien de su puesto de trabajo y esa persona en cuestión es una amiga de tu niñez. Aquí tendrás que tomar una decisión importante para tu empresa por lo cual, seguramente, tendrás un conflicto interno, ya que tomar aquella decisión tendrá alguna consecuencia y además existe la posibilidad de perder aquella amistad. En esta situación hay varias posibilidades y alternativas: puede que la amistad corra riesgo, puede que si hablas y argumentas el porqué de la decisión, la persona lo entienda y lo asuma, o simplemente se sienta satisfecha con su despido puesto que hace ya mucho tiempo ella estaba inconforme en su puesto laboral y por no desvalorizar la amistad ella seguía en esta empresa. El punto de este ejemplo es que independientemente del resultado de esta decisión debes tener la capacidad de afrontar la situación, la responsabilidad de tomar una decisión congruente al igual que asumir las consecuencias de esta. Tener una actitud de autoconfianza tiene también su parte positiva, como la facilidad de las relaciones sociales, familiares y las de tu equipo laboral. Una fémina con autoconfianza ejerce desde el conocimiento propio de sus fortalezas al igual que desde sus valores. Posee y trabaja continuamente en su autoestima, cuida su interior al igual que su exterior sintiéndose guapa y atractiva, confía en sus actos, en sus decisiones y no olvida que las experiencias negativas son lecciones de vida y cultivo de conciencia.

- *Ten pasión:* Procura hacer las cosas con pasión, pon pasión a todo, cocina con pasión, cuídate con pasión, ama con pasión, trabaja con pasión, habla con pasión, trata a tu equipo con pasión. Nadie quiere seguir a una líder aburrida, triste o sin entusiasmo. «La pasión se contagia.» Por esto es importantísimo hacer las cosas que realmente te brindan satisfacción, así podrás realmente ejercer con pasión. Todos sabemos y sentimos cuando alguien simula tener pasión por algo o por alguien. ¡Sé genuina contigo misma y descubre dónde está tu pasión!

Si te preguntas, ¿qué es la pasión? Podemos decir que normalmente la pasión conecta con el propósito de tu vida, es cuando cumplimos con una determinada tarea que nos permite llenarnos de satisfacción, alegría y felicidad. La pasión es capaz de dominar la voluntad y perturbar la razón, ¡así como cuando amas con pasión!

La pasión es contagiosa, es un sentimiento que puedes crear teniendo interés por alguna actividad. Si pones interés en lo que haces y pones dedicación, la pasión nacerá.

Definición de pasión: se caracteriza por el gran interés en una causa o actividad y por el deseo de conseguir algo.

- Ten motivación: La conocemos en el ámbito laboral tanto como en el personal. En ambos casos tener una motivación saludable es básico para lograr metas y objetivos. Comprometerse, sumar y tener ganas nos facilita realizar las tareas diarias. En el ambiente laboral, tanto como el personal, es relativamente importante rodearte de gente positiva y con una buena comunicación. Son acciones primordiales para mantenerte motivada. En lo profesional es importante el reconocimiento, la formación, los retos con estímulos, un lugar de trabajo seguro y agradable, la asignación de responsabilidades, la comunicación y la participación, que son elementos claves para mantener una alta motivación laboral. Cuando hablamos de la motivación en general tenemos que tener claro nuestros objetivos y nuestro plan de acción, no ser perezosas, terminar los proyectos que hemos comenzado, eliminar las distracciones, ejercitar nuestro cuerpo, trabajar nuestro crecimiento personal, socializar con otras personas que valoren nuestro ser, saber aceptar cumplidos sin desvalorizarlos, ser perseverantes y generosas. Cuando asumimos estas acciones surge un resultado espontáneo, que es la motivación estable y continua, siendo el reflejo de tu bienestar.

Utilizando este test[1] en ti o en tu equipo, podrás descubrir qué es realmente lo que motiva a los miembros de tu equipo y podrás tomar decisiones en base a esta nueva información.

- Sé resiliente. La capacidad de afrontar la adversidad y lograr adaptarse bien ante las tragedias, los traumas, las amenazas o el estrés severo facilita tu progreso y elecciones. Las personas que han aprendido esta herramienta se caracterizan porque son normalmente alegres, curiosas y siempre interesadas en aprender, buscan nuevos retos que les mantengan en un constante desarrollo, son flexibles, adaptándose a las nuevas situaciones fácilmente. Aprenden de las malas experiencias sacando algo positivo de ellas y suelen ser honestas consigo mismas aceptando con facilidad los sentimientos que les afectan, aunque estos puedan ser negativos por un momento. Aprende a ver los problemas, obstáculos o lo que muchas veces llamamos «mala suerte» como experiencias y prácticas para aprender y crecer como persona.

- Sé independiente/autónoma. Ser capaz de estar en continuo aprendizaje, saber o aprender a realizar las metas propuestas, ser resolutiva de problemas o conflictos, saber cómo y cuándo delegar. Procura estar en continua formación académica tanto como en el desarrollo personal y poner en práctica lo que aprendes. Es un hecho que no todo se puede explicar. ¿Cómo podrías enseñar a conducir un coche a una persona de tu equipo si tú misma nunca has conducido, y mucho menos si no conoces las reglas del tráfico? Sería funesto... De hecho, necesitas tener la experiencia propia de ser un buen conductor, tener la sabi-

36

1. Test de motivación laboral: https://www.emprendepyme.net/test-de-motivacion-laboral.html

duría de un conductor sociable, ser responsable y gentil con los otros conductores, conocer las reglas del tráfico y además tener el carnet de conducir vigente ☺ para poder hablar o explicar el tema. Por ello, ser autónoma no solo significa tener una autonomía propia basada en tus experiencias privadas tanto como laborales, sino también, en saber utilizar herramientas específicas y tener el máximo conocimiento posible sobre el tema en cuestión.

- Una de las más antiguas técnica o herramienta, y la más lógica para muchas, es el arte de la seducción; coquetear, cortejar, flirtear, conquistar, tontear, etc. Utilizando esta herramienta muchas de nosotras hemos llegado a conseguir alguna meta. El punto es que hoy siendo mujeres sabias e íntegras, queremos que se nos escuche y se nos tome en serio, no solo a corto plazo, sino también a largo plazo. Ya hemos comprobado que justamente hacer uso de esta herramienta nos muestra más accesibles que preparadas o coherentes. Además, como muchas otras herramientas, no siempre funcionan. Hemos de tener muy claro cuándo y con quién utilizamos esta técnica, que para muchas es natural y práctica. Todo depende del momento, de la situación en la que te encuentras y de la imagen sobre tu persona que quieras dejar.

- Una habilidad muy simple pero efectiva es el saber reconocer verbalmente, el trabajo bien hecho. Esto te muestra cercana, empática y justa. Además, para que una persona pueda hacer bien su trabajo necesita que seas clara y transparente, que sepas comunicar las expectativas y que confíes en que estas personas podrán hacer el trabajo profesionalmente, para luego poder afirmar y reconocer que el trabajo realizado está bien hecho, sumando seguridad a tu equipo de este modo.

- Lidera con el ejemplo, para muchas de nosotras es un gran reto liderar a los nuestros en base a nuestra propia conducta, reflexión y responsabilidad ya que convertirse en un referen-

te es un riesgo que requiere de un autoliderazgo, autocontrol y autoconocimiento continuo. Creo que todas conocen el refrán 'predica pero no practica' y no queremos ser de esas. 😊

- Deja que las personas de tu equipo o familia se puedan expresar libremente, cada pensamiento nuevo puede ser un paso más hacia la innovación o hacia la perfección de un servicio o producto.

- Utiliza la flexibilidad y la creatividad, que es para muchas de nosotras una habilidad natural, evitando así retrasos, conflictos, creando así nuevas oportunidades en el área laboral o personal. Ejemplo: hoy tenías agendado terminar tu libro, pero te has tomado el día, por lo que no has podido dedicarle tiempo a finalizar tu libro. No te agobies, sé flexible y planifícalo para otro día.

- Fortalece y motiva a los de tu equipo para un alto rendimiento, compartiendo información, trabajo y responsabilidades. Ayudar a que los tuyos crezcan y se desarrollen de forma colectiva hará que vuestro equipo avance con resultados más eficaces. No tengas miedo a que los de tu equipo estén más informados o preparados que tú, justamente esto genera innovación y fundamentos sólidos para tu negocio.

Puedo decir, desde mi experiencia, que nuestra mejor técnica femenina es la capacidad de transformar el interés individual en un interés colectivo, liderando a tu equipo o al negocio como un todo. Ser versátil, generando enlaces entre diferentes sectores, departamentos o personas, te identificará como una líder consciente y resolutiva.

No te agobies pensando en todo lo que tienes que integrar, recuerda que nuestra naturaleza ya nos ha preparado para ser líderes naturales.

Superféminas *no mandan*, ¡lideran!

GÉNERO FEMENINO		
RESISTENTES, COMUNICATIVAS & RESOLUTIVAS	SOMOS DEMOCRÁTICAS, CREATIVAS, SOCIALES COMUNICADORAS Y DETECTORAS DE PROBLEMAS
EMPÁTICA & SERVICIALES BRINDA SIGNIFICADO A LOS VALORES	POTENCIAMOS EL DESARROLLO DE LOS DEMÁS, APORTAMOS VALORES Y NORMAS
COOPERATIVA, RECOLECTA, GUARDA & ADMINISTRA	TRABAJAMOS EN GRUPO, ADMINISTRAMOS DESDE LA SUPERVIVENCIA ANCESTRAL
PROVEEDORA, PROTECTORA SATISFACE NECESIDADES	ALIMENTAMOS Y CUIDAMOS DE LOS HIJOS, AL IGUAL QUE A NUESTROS FAMILIARES Y SERES QUERIDOS
LA MUJER ES AUDITIVA HEMISFERIO IZQUIERDO DEL CEREBRO NOS GUÍA	POR SER MÁS AUDITIVAS MUCHAS VECES ACEPTAMOS SI ESCUCHAMOS LO QUE QUEREMOS.

#SUPERFEMINAS

39

«*Gestiona tu familia
como tu mini empresa.
Para que funcione con eficacia
debes darle a cada uno
de los integrantes su lugar en ella.*»

#MissAllende

TOMA DE DECISIONES.

Tenemos diferentes tipos de decisiones, las difíciles, las correctas, las responsables o las importantes. Por tanto, debemos definir el núcleo de esta decisión y en base a esto ejecutar. Es importante estar segura sobre nuestra decisión, podemos verificar si nuestra decisión está entrelazada con nuestros valores, de esta manera asumiremos mejor las consecuencias de esta. Para ello tenemos que tener claro cuáles son nuestros valores o cuáles queremos que sean.

¿Conoces tus valores? En el capítulo de fortalezas y valores adjunto un test, que puedes realizar para definir realmente cuáles son tus 5 valores más importantes y dependiendo de estos poder tomar las decisiones que te hagan sentir feliz. Por ejemplo, si tu primer valor es la familia, pero resulta que todas las decisiones que tomas las tomas en base a tu trabajo, por lo cual, la familia queda en el último lugar. allí hay algo que no funciona. Por tanto, lo más lógico es que estés bastante desconforme, ya que sientes que no estás cumpliendo con lo que realmente te gustaría. Aquí vemos un dilema a resolver: ¿cómo ajustamos lo laboral para poder estar más tiempo con la familia?

⇒ Primero que nada, tienes que hacer una lista de los 5 valores actuales en color rojo, cuáles, hoy por hoy, dirigen tu vida.

⇒ Luego una lista los 5 valores ideales en color verde, cuáles te gustaría que guiaran tu vida actual.

⇒ Desarrollar plan de acción para aquellos valores en color verde, numerarlos según prioridad del 1 al 5.

⇒ Valorar los riegos y consecuencias que pueden traer estos cambios.

⇒ Reafirmar que todos los nuevos valores estén en el lugar en el que realmente lo deseas tener.

⇒ Escribir y ejecutar el plan de acción.

⇒ Seguimiento de los nuevos resultados.

⇒ Después de 6 meses, reevaluación.

	VALORES ACTUALES	VALORES IDEALES	VALORES REALES	RE-EVALUACIÓN
1	*Trabajo*	*Familia*	*Familia*	✓ *Si*
2	*Puntualidad*	*Trabajo*	*Trabajo*	✓ *Si*
3	*Socializar*	*Humor*	*Honestidad*	✓ *Si*
4	*Familia*	*Honestidad*	*Alegria*	✓ *Si*
5	*Humor*	*Socializar*	*Socializar*	✓ *Si*

Cuando necesites tomar decisiones a corto plazo puedes analizar la decisión en concreto con alguna de las siguientes estructuras de toma de decisión, podrás tener una imagen más clara y asertiva para solucionar el conflicto.

⇒ *Definir el problema > Analizar el problema > Evaluar el problema > Elegir las alternativas > Toma de decisión.*

⇒ *Tomar decisión > Propósito > Evaluar opciones > Evaluar consecuencias > Toma de decisión.*

⇒ *Información del problema > Análisis > Conocimiento > Opciones > Toma de decisión.*

10 minutos > 10 meses > 10 años

Este último método es de Suzy Welch, editora de *Business Review*. Se trata de un nuevo enfoque para escoger aquellas opciones que te permitan controlar tu propia vida, sin importar dónde naciste, dónde has crecido o qué errores has cometido por el camino. El método 10-10-10 empieza con una pregunta en la que se plantea un problema, una crisis o cualquier tipo de dilema.

Por ejemplo: ¿Debería dejar mi trabajo? ¿Debería comenzar y emprender mi propio negocio...? Ya definida la pregunta, es esencial ajustarla a la filosofía llamada el 10>10>10.

¿Cuáles serían las consecuencias al dejar mi trabajo dentro de:

⇒ 10 minutos?
✓ _____
✓ _____
✓ _____
✓ _____
✓ _____

⇒ 10 meses?
✓ _____
✓ _____
✓ _____
✓ _____
✓ _____

⇒ 10 años?
✓ _____
✓ _____
✓ _____
✓ _____
✓ _____

45

«¡Importante es que confíes en las decisiones
que tomes y que sepas aceptar
las consecuencias de estas mismas!»

#MissAllende

TÉCNICAS DE ALTO RENDIMIENTO.

⇒ Planificar, establecer metas y objetivos claros.
⇒ Una línea de tiempo real a seguir de estos objetivos. Procurar que los participantes del proyecto tengan conocimientos o acceso a él. (baja presencia del líder en el trayecto.)
⇒ Si no logras realizar las tareas en tiempo real, focalízate, reorganízate y delega en busca de soluciones para alcanzar el objetivo marcado.
⇒ Autonomía para cada participante de tu equipo, has de confiar que sabrán ejecutar con sabiduría y creatividad sus tareas. (alto grado de autonomía en el grupo.)
⇒ Agendar reuniones para evaluar el desarrollo del proyecto en conjunto. (enfoque: logro de resultados.)
⇒ Control de resultados por el líder de grupo (conclusión del proyecto.)
⇒ Detecta posibles problemas y soluciona antes que sucedan.
⇒ Motivación eficaz de tu equipo.

Adjunto uno de mis modelos favoritos de alto rendimiento: Modelo Hersey[2].

---

2. http://www.ceolevel.com/liderazgo-situacional-modelo-hersey-blanchard

CREAR RELACIONES.

Una habilidad bastante utilizada en estos tiempos, además de una de las técnicas que se practica en las grandes multinacionales, es la de fomentar la creación de nuevas relaciones, (relaciones humanas) saber y sentir cuándo hay posibilidades para crear nuevas oportunidades entre tus relaciones, compañeros y conocidos. Algunos comentan saber utilizar sus relaciones, al saber el valor económico de sus contactos. Personalmente, no me gusta referirme a ninguna de estas 2 formas para definir lo que entiendo por crear relaciones humanas. La palabra «utilizar» la considero negativa en cuanto a las relaciones humanas. A nadie le gusta sentirse utilizado y por ello prefiero la palabra «sentir», que desde mi experiencia significa ofrecer a tus relaciones y contactos información, negocios o tratos que sean interesantes para ambos. El «valor económico» de tus contactos también me parece fuera de lugar. Para algunos, simplemente, suena más interesante lo que una persona refleja disponer financieramente que su propio ser.

A mí, personalmente, me encanta sentir algún tipo de conexión con mis relaciones, amistades y conocidos, independientemente de su pasado, su carrera o su bolsillo[3] ☺. En base a esto propongo crear relaciones basadas en valores concretos como la honestidad, la alegría, la valentía, la positividad, etc. Crear relaciones es alimentar y dar algo sin esperar nada a

3. Bolsillo, definiendo la situación económica de la persona.

cambio. Puede ser, simplemente, cumplir con algún un favor, dar un consejo o información significante para ellos, brindar aquel extra que demuestra, que te identifique como la fémina que quieres ser. En otras palabras: sé generosa. Cuando eres generosa existe la posibilidad de que mañana ellos estén por ti cuando tú lo necesites o de que el universo se encargue de echarte una mano cuando menos lo esperas. Muchas veces de personas de las cuales ni lo esperabas. Sí que es cierto que esto último, el «dar aquel extra» es un tipo de mentalidad difícil para algunas de nosotras, de integrar y de comprender. Significa dar sin saber si recibirás algo a cambio, pero mientras más de nosotras tengamos esta mentalidad, más oportunidades encontraremos en nuestro camino.

No olvidemos que las relaciones humanas y la creación de ellas se encuentran en todos los ámbitos: socios, clientes, directivas, compra/venta, familiares, amigos, etc. Por ende, creamos a nuestro alrededor un entorno más saludable, más positivo y de confianza.

En el proyecto W2WBusiness.com[4] la calidad de tus relaciones es valorada y apreciada, nos aporta seguridad, confianza, fortalecemos nuestros negocios y nuestras relaciones. Las invito a intentarlo.

Women 2 Women Business

Si estas interesada en relacionarte con mujeres profesionales e internacionales, crear nuevos negocios e inversiones colectivas en el mundo inmobiliario, busca tu punto de encuentro con nosotras o crea tu propio grupo bajo la marca w2wbusinesses, con ello tendrás acceso a nuestra red de contactos, inversores, miembros, proyectos y know-how.

---

4. *W2WB women to women business.*

SUPERPODERES
Y FORTALEZAS.

Todas nosotras poseemos superpoderes, solo que no asumimos que lo son, no valorizamos nuestras capacidades de resistencia, de ser multifacéticas, de flexibilidad, de multitasking, de crear vida, de nuestra versatilidad y de muchas otras cosas más. Si aprendiéramos desde niñas a utilizar nuestros superpoderes sería una tarea mucho más fácil focalizarnos en nuestras vidas y alcanzar las metas propuestas. He allí, quizás, un pensamiento y acción a cosechar en nuestras hijas, sobrinas y nietas, pero no podremos enseñar estas habilidades, si nosotras mismas no las practicamos.

Superpoderes. Lo relacionamos con capacidades no humanas, pero como ya muchas sabemos, «como es adentro, es afuera». Todas las capacidades, al igual que las cualidades que vemos en el otro son las que ya poseemos y conocemos. Y, ¿cómo las conocemos? Porque estas se encuentran en nosotras mismas, las hemos aprendido, experimentado en el pasado o sencillamente nacimos con estas. Si no tuviéramos conciencia de ellas no las podríamos detectarlas en el otro.

Esto significa que para reconocerlas en la otra persona necesitamos que estas capacidades y cualidades estén ya dentro de nosotras mismas, ¡tanto las buenas como las malas! De hecho, cuando aprendamos esta lección podemos comenzar a reconocer las capacidades y cualidades en nuestra persona, trabajando y transformando las desfavorables por otras más positivas, desarrollando así todos nuestros superpoderes.

Talentos evidentes, talentos ocultos y talentos potenciales. Cada una de nosotras se caracteriza por algún talento en concreto o, mejor dicho, cada fémina líder se caracteriza por alguna habilidad mejor desarrollada que otra. Por ejemplo: una mujer líder que tenga como talento o habilidad motivar a su equipo tanto que siempre logran alcanzar las metas acordadas, o aquella amiga emprendedora que tiene como talento diseñar muebles contemporáneos. Cada una de ellas conoce sus talentos y los ejerce intentando dar el 100% en ello.

52 Algunos dicen que los talentos o habilidades que no tengas has de aprenderlos rápidamente y ejercitarlos lo más que puedas. Otros justamente dicen NO aprendas nuevas habilidades, concéntrate en las que ya tienes y especialízate en ellas. Desde mi punto de vista hay que practicar y aprender a gestionar ambas, es decir:

✓ *conoce* tus talentos *y habilidades,*
✓ *mejora* los talentos y habilidades que ya tienes,
✓ y si necesitas de nuevas habilidades, *apréndelas.*

Valores. Están orientados al crecimiento personal por conocimiento intelectual, es decir, los aprendemos y los que vamos integrando en nuestra personalidad gradualmente, como la tolerancia. Esta es fundamental para vivir en sociedad, algunas personas son demasiado tolerantes y otras no lo son en absoluto. Lo importante aquí es actuar en base a los valores que tienes y a los que eliges aprender por el camino. Unos valores concretos suman valor a la personalidad de una fémina, actualizando sus capacidades, mejorando su liderazgo y haciéndola más atractiva e interesante al mismo tiempo.

Fortalezas. Se podría decir que son las aptitudes innatas con las que nacemos. Cada una de nosotras nace con diferentes rasgos de personalidad, lo que nos hace únicas. Existen 24 tipos de fortalezas divididas en diferentes grupos, se cree que todos nacemos con ellas, pero en cada individuo predominan unas más que otras, esto es precisamente lo que nos diferencia a cada uno.

Si todavía no has descubierto cuáles son tus fortalezas aquí adjunto este *link*[5] con un test, el cual te dará una mejor idea de tus valores en tiempo real, pero también cuáles deberías reforzar. Cuando quieras trabajar tus fortalezas aconsejo hacerlo de la mano de un profesional.

Por ahora no quiero dedicarle más tiempo a lo que ya conocemos como las diferencias de género en el liderazgo, lo que sí he querido recordar en este espacio es… qué y cuál es nuestro deber como féminas líderes. Comunicar y enseñar a nuestras hijas, hermanas, madres, amigas, relaciones y colegas que hemos de fortalecer nuestras habilidades, prepararnos académicamente, desarrollarnos a ser la mejor versión de nosotras mismas, ser gentil con las de tu mismo género y liderar en base a nuestros valores y fortalezas sin olvidar la conexión divina con nuestro ser femenino. Cuando las mujeres seamos más consciente y reconozcamos tanto nuestros superpoderes como nuestras capacidades intelectuales, emocionales y profesionales lograremos grandes movimientos para un fin colectivo.

5. *https://psicologiapositiva.leadpages.co/test-web-iepp/*

A.D. Williams dijo un día: ¡Imagina lo que 7 billones de personas pudieran realizar, al respetarnos y siendo gentiles mutuamente! Solo imagina si no hubiese egoísmo, si no hubiese comparación, si cada uno participara en su propia carrera, pero aplaudiendo y apoyando el resto de los competidores también. Quizás en esta vida nunca lo veremos, pero lo que sí podemos hacer es comenzar nosotros mismos… Comienza tú a ser el ejemplo para otros, sé tú, ejemplo de gentileza e integridad, sé ejemplo de compasión y comprensión.

*«No importa cuanta educación, talentos,
lo estupendo o rico creas que seas…
como tratas a la gente,
¡define quien eres…!»*

#SinNombre

COMUNICACIÓN.

Es importante conocer la comunicación en general para poder comunicarnos coherentemente y ser fiables al transmitir nuestro mensaje, necesitamos aprender a controlar o corregir nuestra comunicación verbal tanto como la no verbal. No muchos saben que a veces no es lo que dices lo que te relaciona con las demás personas de una forma positiva y efectiva, sino que como actúas, como te mueves y tu comportamiento durante el tiempo que te expresas tu mensaje.

Curioso es, que cuando un hombre se comporta y se comunica como un hombre de éxito, el resto quiere compartir con él, conocerle para hacer negocios, aprender nuevas estrategias, compartir sus aventuras o solamente para presumir de conocerle. Agregando a esta lista que este perfil de hombre exitoso, es extremamente atractivo para el género opuesto. Pero entre las féminas esto es algo totalmente diferente, cuando nosotras comunicamos nuestros éxitos, nos mostramos seguras y reflejamos el éxito en cosas materiales, somos muchas veces rechazadas por ello, rápidamente somos arrogantes, nuestro marido nos mantiene o cualquier otra cosa. Extraño es, que nuestra naturaleza femenina es de por sí curiosa. Yo diría que deberíamos utilizar esa curiosidad para conocer y comunicarnos con aquella mujer de éxito, aprender de sus experiencias y dar valor a sus logros. De ella podemos aprender y hasta seguir sus pasos.

- ✓ 7% las palabras - *consciente.*
- ✓ 38% tono de voz - *inconsciente.*
- ✓ 55% no verbal - *inconsciente.*

Como vemos, la comunicación no verbal es la que predomina, por tanto, es importante que aprendamos a leer en la otra persona, igual que a ser conscientes de estos porcentajes para utilizarlos a nuestro favor. Nuestro comportamiento, cómo nos movemos, cómo miramos y demostrar seguridad es esencial para comunicarnos de una manera segura pero cercana en una conversación, negociación o en una presentación, ya que el 55% de tu mensaje es leído inconscientemente. Tus palabras solo tendrán un 7% de validez, por esto es necesario aprender a fortalecer nuestra seguridad, transparencia, asertividad, etc.

Conocemos también como comunicación *pasiva* aquella que ejerce una conducta inhibida en la cual se evita confrontación a toda costa, donde habitualmente nos dejamos invadir por el otro y nuestra opinión se pierde entre el silencio que adoptamos y la opinión que el otro defiende. Muchas veces la inseguridad del individuo y el querer protegerse lleva a una comunicación pasiva, mejor dicho, a la no comunicación, pero a la aceptación de la opinión o mensaje del otro.

Comunicación *agresiva*, es aquella en la cual el emisor no se pone en el lugar del otro, sino que quiere convencer imponiendo su voluntad y opinión sobre el tema en cuestión, no presta atención a lo que el otro tenga que decir o a su *feedback*. A veces llegando hasta el maltrato verbal con el fin de conseguir su meta o de dañar al otro y así descartarlo del juego.

Comunicación *asertiva,* aquella donde el comportamiento comunicacional es comprensivo, maduro y claro. Donde no se somete a la voluntad del otro, sino dando a conocer una opinión directa, equilibrada, coherente y siempre respetando al otro y su opinión, llegando a un compromiso donde los 2 partidos se sientan a gusto.

En conclusión, a este primer capítulo, hay diferentes puntos claves que necesitamos desarrollar y entender, como:
¿Cuanto auto-conocimiento tienes de tu persona, de tu cultura y de tu entorno?
¿Hay realmente temas personales que te gustaría cambiar?
¿Tienes auto-liderazgo y auto-confianza?
¿Eres autónoma? Es decir, ¿necesitas siempre de alguien que te ayude a solucionar tus responsabilidades o tareas diarias?
¿Que te motiva?
¿Vives con pasión?
¿En que te beneficiaria algo más de pasión en tu vida cotidiana?
¿Te consideras ejemplar?
¿Como tomas tus decisiones? ¿Aceptas las consecuencias de estas misma?
¿Eres amiga de todos o todos son amigos tuyos?
¿Cuáles son tus súper poderes?
¿Conoces tus habilidades y fortalezas?
¿Como te comunicas?? ¿Eres accesible?

Si te encuentras viviendo en otro país y notas la importancia de aprender a relacionarte con personas locales e internacionales, ¿crees que tener este conocimiento personal te ayudaría?

59

Comencemos escribiendo las respuestas a cada una de estas preguntas y analicemos nuestras respuestas. En nuestras respuestas se encuentra la clave para el cambio, una superfeminas sabe que siempre puede mejorar y para ello comenzamos por el auto-conocimiento y nuestro propio auto-liderazgo, solo así lograremos interactuar eficazmente en el entorno donde nos encontramos.

*«El poder femenino
no está en nuestras piernas,
está en nuestro
cerebro.»*

#VioletaVerdu
#Cosmopolitan

II. AMSTERDAM, HOLANDA.

Aquí el tiempo se aprecia, es símbolo de respeto y es castigado severamente con dinero. Si llegas tarde a una cita, como al doctor, dentista, psicólogo, etc., simplemente no serás atendido. Si en otra oportunidad vuelves a llegar tarde ya no serás más atendido y, por último, si no anulas tu cita con un mínimo de 24 horas de anticipación, puedes esperar tranquilamente en el buzón de tu casa la factura con el coste de la hora perdida.

#GESTIONAR EL TIEMPO

Podría escribir capítulos larguísimos sobre este tema describiendo todas las posibilidades de maximizar las 24 horas del día, pero después de haber leído cantidad de artículos y libros sobre el tema, además de haber practicado diversas herramientas sobre cómo gestionar el tiempo personal y laboral, he llegado a la conclusión de que cada persona es un mundo diferente y que, como mujeres, la mayoría de nosotras madres, emprendedoras, esposas, proveedoras, amigas y mujeres de negocios, hemos desarrollado nuestras propias fórmulas de gestión del tiempo. A pesar de esto, escribo aquí algunos consejos, nuevas formas de gestión y organización para ser lo más efectiva posible con tu tiempo.

Como emprendedoras, siempre tenemos el sentimiento de que el día es demasiado corto y nos faltan horas para poder hacer todo lo que tenemos en mente.

En los Países Bajos, donde he crecido y vivido por 36 años, se acostumbra llevar una vida agendada de mes a mes. Se agenda cada visita, incluso de familia y amigos. Todo es programado de semana en semana, así que no queda mucho espacio para la espontaneidad. Ser casual y visitar a tus amigos o familiares sin cita previa no es aceptado culturalmente, cada reunión necesita ser acordada y por ello, agendado. Ocupo la palabra agendado o agendar por la simple razón de que es la más ajustada a la acción que lleva en sí. Los holandeses son grandes gestionadores del tiempo, son puntuales, avisan si vienen retrasados y aunque no tengan ganas de llevar a cabo alguna cita prevista, «una cita es una cita». Esto es señal de respeto y consideración con la otra persona independientemente de si es familia o no. Suelen llevar una agenda bastante llena de compromisos, lo que les deja poco tiempo para socializar y por ello, también, estas tareas de tiempo libre se agendan y así poder hacer las cosas que realmente aman.

Como hija de padres hispanoamericanos, de una cultura mucho más espontánea y flexible, en la cual tendemos a tener poca consideración con el tiempo del otro, asumimos que es así, nos gusta socializar y organizar el tiempo libre como nos plazca, acostumbramos a manejar la agenda en nuestra mente. Si olvidamos algo no solemos sentirnos mal por ello, a menos que el olvidarnos nos afecte financiera o físicamente. ¡Ojo! No digo aquí que todos sean así, pero generalizamos para un mejor entendimiento de las diferencias culturales.

Fue muy curioso para mí ver estas diferencias culturales en relación al tiempo y los horarios. En Holanda aprendí, a muy temprana edad, los márgenes del tiempo y cómo lograr llevarlo efectivamente. Ahora que vivo en Barcelona he vuelto a sentir qué significa vivir en un país hispano. La semana pasada tuve cita con el dentista a las 16:00 hrs de la tarde (aquí suelen cerrar entre las 14:00 y las 17:00 hrs). Estuve allí, en la sala de espera por lo menos 30 minutos esperando que llegara mi turno. Cuando ya era mi momento, el dentista estaba asombrado que hubiese llegado a la hora y hablamos de este tema. El comentaba que algunos pacientes llegan 3 horas más tarde o simplemente no llegan, mucho menos se molestan en llamar para anular una cita ya programada. Claramente el respeto por el otro o por el profesional aquí está todavía en desarrollo.

Los que hemos aprendido a gestionar nuestro tiempo aplicamos técnicas interesantes a practicar, para llevar un día más resuelto.

PLANIFICA TU DÍA/SEMANA/MES.

Todas nosotras conocemos aquella amiga que dice no necesitar una agenda, ella lo tiene todo en su mente. Pero como buena líder debes aprender que no puedes manejarlo todo y que necesitas ser objetiva para que tu día y semana sean efectivas. Para ello necesitas la herramienta llamada agenda, ya sea una agenda de bolsillo, la agenda de tu móvil, o lo que es bastante práctico es imprimir la agenda de google, que es mucho más grande y puedes tener una mejor visión sobre tu día o semana. Al final de esta página adjunto unos links de cómo crear una agenda en Google[6].

También hoy existen aplicaciones específicas de diferentes tipos de agendas que puedes bajar a tu móvil. Lo bueno de planificar el día a día, es ver claramente las actividades que tengas, ya sean laborales o personales, saber cuánto tiempo conlleva cada una de estas actividades, objetivos y tareas a desarrollar en tu día. La regla general es que cada actividad que dure más de 20 minutos debe ser escrita en tu agenda, ya sea una reunión de chicas que con lleva quizás 2 horas sociales, más 1 hora de transporte, ida y vuelta. Esto debería estar en tu agenda ocupando 3 horas del día acordado. Una llamada telefónica importante también debe ser agendada, aunque parezca algo tan

---

6. *https://support.google.com/calendar/answer/37095?hl=es*
https://www.youtube.com/watch?v=MwUzlQLfVgE

fácil de no olvidar, el punto es que esta llamada importante te llevará tiempo, quizás te toque esperar línea o simplemente sea una de estas llamadas que suelen resolver algún conflicto, por lo cual se tomará su tiempo causando que las próximas tareas en tu agenda se retrasen. Sencillamente por esto necesita estar agendada.

LISTA DE TAREAS.

Las listas de tareas son importantes, ya que nos ayudan a ejecutar rápidamente los objetivos y metas a realizar. Con un máximo de 3 tareas diarias, algunas de ellas pueden ser: visitar a tu gestor, hacer la administración de tu negocio, llevar los niños al colegio o hacer las compras de casa. Son cosas sencillas, pero ocupan tiempo y se consideran tareas básicas del día.

☐ _____

☐ _____

☐ _____

☐ _____

☐ _____

LISTA DE OBJETIVOS.

Hay una diferencia entre tareas diarias, objetivos y actividades. Una buena líder debe tener muy claro esta diferencia. Saber que las tareas diarias y los objetivos son importantes para poder llegar a tu meta final. Hay diferentes tipos de objetivos, están los de a corto plazo y los de a largo plazo. Hay que tener claro que mientras más objetivos alcances, más cerca estás de tu meta final, por tanto, también, del éxito.

Ten en mente que ir cerrando objetivos es igual de importante que escribirlos, ya que de esta forma tendrás una mejor visión sobre el desarrollo y avance de tu proyecto o en tu vida cotidiana.

Ejemplos de objetivos personales/laborales a largo plazo (de 2 a 3 años): Una formación de desarrollo personal, la compra de tu primera vivienda o una capacitación anual para complementar tu vida laboral, presentar un nuevo proyecto, etc.

Ejemplos de objetivos personales/laborales a corto plazo (de 3 a 6 meses y hasta 1 año): Aprender a dirigir tu vida cotidiana a través de tu nueva agenda, realizando las tareas y alcanzando los objetivos acordados o gestionar, una vez al mes, la administración de tu negocio, desarrollar un plan de acción para mejorar las ventas semestrales, etc.

Si te das cuenta que escribes en tu agenda citas, tareas y objetivos, pero no los ejecutas como planificado, tendrás que sincerarte contigo misma.

I. ¿Qué es lo que causa que no llegues a ejecutar lo planificado?
II. ¿Dónde o en qué estás focalizando tu energía?

Miedo, vergüenza, sentimiento de no poder… todas hemos pasado por alguno de estos sentimientos. Aconsejo focalizarnos primero en encontrar nuestros objetivos, especificarlos con fechas, procurar que sean objetivos realistas y alcanzables y cuando tengamos estos claros y por escrito, avanzar con pequeños pasos y a tu ritmo. De esta manera tendremos más claridad sobre a dónde queremos dirigirnos. Cuando mires atrás y controles el desarrollo de tus objetivos, te aseguro que estarás satisfecha al ver el resultado y lo resolutiva que has logrado ser.

74

Herramienta SMART[7] para definir tus objetivos:

S: Específicos - objetivos específicos.

M: Medibles - objetivos que puedas especificar, fechas, cantidades, colores, momentos, etc.

A: Alcanzables - objetivos que sean accesibles.

R: Realistas - me gusta decir objetivos «soñadores».

T: Tiempo - objetivos controlados por una fecha límite.

---

7. *Utilizando Spanglish.*

Superféminas *no mandan*, ¡lideran!

En conclusión:

I. ¿Qué es lo que vas hacer?

_____

II. ¿Cómo lo vas a lograr?

_____

III. ¿Cuándo?

_____

PLANIFICA TU
MOMENTO GLAMOUR.

Una líder sabe agendar tiempo para reflexionar, descansar y socializar. No olvidemos que es una necesidad para una vida lo más balanceada posible. Esto nos brinda energía, nuevas ideas, motivación y nos permite soltar estrés. Planificando tiempo para ti misma en tu agenda y disfrutando de aquellos momentos te brindará objetividad sobre los temas que te estén manteniendo alerta o preocupada.

El tiempo que le dedicas a tu persona, a la familia y a las amistades alimenta tu energía y te motiva a seguir igual de focalizada en tus metas y objetivos. Asimismo, al agendar este tiempo como tiempo privado te lleva a contemplar cuánto de productiva ha sido realmente la semana y todo esto sin tener que dejarte a ti misma de lado.

¿Qué es un momento glamour? *Para mí es una visita al Hamman con alguna amiga y charlar, o simplemente caminar por la playa descalza y sentir el mar tocando mis pies, tomar una copa de vino en mi terraza con un buen libro y con Anna Netrebko de fondo. Cada una de nosotras tiene otras necesidades, por ello aconsejo buscar aquel momento que sea totalmente perfecto y tuyo. ¡Ojo!, el momento glamour es aquel momento que necesitas para reconectar contigo misma, no es el premio por haber logrado tus metas[8].*

8. *De la lista de premios hablaremos más adelante.*

PASAR PÁGINA.

Cuando planificamos nuestros objetivos es importante diferenciar los de corto plazo a los de largo plazo. Ya que los objetivos a largo plazo tienen tendencia a modificarse o a veces pierden el sentido, por ello, llevamos un buen seguimiento de estos. Aprende a modificarlos a tiempo o a pasar página y cerrarlos reorganizando y dando espacio a nuevos objetivos o nuevos proyectos. Procura que los objetivos a corto plazo sean reales y alcanzables, de esta manera notarás que estás más cerca de tus objetivos a largo plazo, al igual que a las metas finales.

A veces se nos hace difícil pasar página cuando son cosas que nos suceden en la vida privada, como la rotura de una relación, alguna enfermedad, la pérdida de un ser querido, un cambio laboral, etc. Hay que aceptar que nuestra vida pasa por cambios y que emocionalmente, al igual que en la ejecución de nuestro día a día, se realizan cambios. Una manera que utilizo personalmente para poder avanzar y pasar página es observar la situación desde el punto de vista cíclico, es decir, para mí tanto las experiencias laborales, sociales como las privadas conllevan un ciclo de vida. Una situación laboral no perdura hoy en día por siempre como en la época de nuestros padres solía suceder. Hoy se aprecia la experiencia diversa laboral como base para crecer en la Carrera que escojas. Por tanto, esta tiene un ciclo de vida, aquí puedo escoger yo el tiempo de vida que necesito que dure o las circunstancias escogerán por mí. La circunstancia puede ser un despido inesperado, la empresa en cuestión puede cerrar o simplemente alguna enfermedad nos evita seguir en dicha labor. Además de pensar que los objetivos laborales o de vida tienen un ciclo de vida, procuro observar la tendencia y rumbo que llevan, es decir hacia dónde se dirigen.

Ciclo y tendencias de vida. *Cuando observamos el ciclo de vida de algunas experiencias que estamos viviendo o sabemos que viviremos en el futuro, les llamo «tendencia de vida». Las tendencias existen en muchos ámbitos, en lo laboral, en la moda, por supuesto, en la música y, obviamente en cómo miramos y experimentamos el mundo a nuestro alrededor. ¿Qué puede ser una tendencia de vida? Vivir al estilo nórdico Hugge este 2018 es claramente una tendencia en progreso. Esta filosofía danesa habla de vivir una vida más relajada, contenta, de menos adquisiciones materiales, de un consumo controlado de calidad y no de cantidad, reciclaje, para así sentirnos feliz. En otras palabras: confort, calidad, belleza y lujo es aceptable, pero no el despilfarro. Para ello varias cosas juegan un rol importante, como el ambiente donde te encuentras, necesita ser organizado, pocos artículos, pero de calidad, colores cálidos agregándole un sentido zen para estar contentos y satisfechos. Tal como se acostumbra en Dinamarca, siendo el país líder en temas de felicidad.*

80

10 años atrás la tendencia de vida era lo contrario, estar extremamente ocupados era la tendencia de moda, trabajar desde casa era impensable, el sentimiento Zen se justificaba en las personas especialmente espirituales, y acumular cosas y objetos era un «must[9]». Por tanto, la mayoría de las decisiones que tomábamos entonces eran en base a esta tendencia de vida. ¿Por qué es importante tomar las tendencias de vida en consideración? Así como cada cierto tiempo nuestro teléfono móvil necesita una

---

9. *MUST, es un verbo en inglés modal que se usa principalmente para expresar obligación y prohibición. Aquí se utiliza como obligación.*

nueva versión (upgrade[10]), nosotras al igual que nuestra forma de vida necesita también un upgrade. Esto no quiere decir que cada nueva versión o tendencia sea mejor que la anterior, nada más lejos que eso, pero integrar aquel nuevo conocimiento nos permite ser más objetivos al observar nuestras vidas para tomar decisiones libres de cómo queremos cerrar un ciclo, pasar página o justamente de no hacerlo.

En base a esto prefiero focalizarme en el futuro, aprender de las tendencias de vida, cerrar ciclos y tachar objetivos a vivir en el pasado.

81

---

10. *Upgrade es sinónimo de actualización, mejoramiento, amplificación, modernización.*

*«Los cambios son experiencias,
las experiencias son lecciones de vida
y las lecciones de vida son necesarias
para alcanzar nuestras metas finales.»*

#MissAllende

LIBRO DE APUNTES.

Seguro que tienes amigas que llevan el bolso lleno de papelillos de colores donde llevan diferentes notificaciones, o simplemente escriben las cosas que consideran importantes sobre cualquier papel que encuentran. Es curioso, puesto que hoy en día existen muchas herramientas para facilitarnos las tareas diarias. Es por eso que debemos aprender a usarlas. Los teléfonos inteligentes, como el iPhone, incluyen una aplicación llamada Notes, la cual sirve para escribir cualquier dato que necesites guardar. Si eres más de papel puedes llevar contigo un pequeño cuaderno de apuntes donde escribas todo lo que sea necesario: desde alguna idea que tengas en mente para tu negocio hasta el nombre o el número de teléfono de la nueva peluquería que has visto que ha llegado a la ciudad.

DUEÑA DE TU IPHONE.

Ya sabemos que muchas de nosotras tenemos una cierta depen-
dencia a nuestro móvil. Es un tipo de adicción que descontrola
el tiempo que en realidad debemos dedicar a otras cosas. Por
esto una líder sabe que el móvil es una herramienta útil en su
momento, pero siempre eres tú la que decide cuánto tiempo le
dedicas. Yo, personalmente, siempre tengo mi móvil en silencio.
A mediodía veo qué llamadas importantes o mensajes debo con-
testar y luego, ya después de terminar mi día, lo vuelvo a revisar
y contesto mensajes. Los que ya me conocen aceptan la idea de
que no siempre puedo contestar al instante. En otras palabras,
soy dueña de mi móvil y no él de mí. Para las que son madres,
podéis dejar el móvil también en silencio y ajustar solamente el
tono de sonido a los números más primordiales como, por ejem-
plo, el de tu hijo, de tu esposo o de aquel cliente esperado. Así no
perderás ninguna llamada realmente importante.

QUIEN MADRUGA,
TIENE ORO EN LA BOCA.

En la cultura holandesa o nórdica es muy común levantarse temprano. Lo normal es entre las 5 y las 6 de la mañana. Solemos decir: «*Wie vroegstond, heeft goud in de mond*», que significa: «Quien madruga, tiene oro en la boca». Queremos decir que levantarnos temprano nos traerá más beneficios. Un hábito que recomiendo que integren a sus días. Aprendemos desde niños a llegar a tiempo a nuestras citas y a tener mucho respeto por el tiempo de otros tanto como por el nuestro. En la cultura hispanoamericana es menos común madrugar si no tenemos trabajo o escuela a la que asistir.

Vivimos más afuera de nuestros hogares y por ello también comenzamos a descansar mucho más tarde, posiblemente sea esta la razón por la cual nos cuesta tener el hábito de madrugar. Al levantarte más temprano aprovechas mejor el día, llegas a tiempo a tus actividades, te brinda tranquilidad y no sientes que vas corriendo todo el día. Además, si aprendes a ejercitarte físicamente ya sea con yoga, running o cualquier tipo de entrenamiento temprano por la mañana te sentirás mucho más despejada mentalmente, y reforzarás la conexión contigo misma, brindándote más energía mental para comenzar el día y realizar tus proyectos.

No hemos de olvidar que una de las características que determina a los grandes líderes es que se levantan temprano, hacen deporte por las mañanas, llegan 10 minutos antes a sus citas, mantienen una agenda clara y respetan el tiempo propio tanto como el de otros.

LISTA DE PREMIOS.

Cada vez que alcances cualquiera de tus objetivos, prémiate con algo que realmente te guste. Una copa de cava, una hora de equitación, un masaje de pies o ir a jugar un partido de tenis. Crea una lista de premios y déjala en algún lugar visual, la mía cuelga de mi nevera. Esto me motiva a querer alcanzar rápido mis objetivos y poder mimarme con alguno de estos premios. No necesariamente los premios deben ser acciones físicas, también puede ser aquella copa de rioja al terminar tu día o cualquier otra cosa que simbolice aquellos logros cumplidos. Los investigadores han podido comprobar que el cerebro sigue consecuentemente adelante y por más tiempo cuando las personas son conscientes de que hay recompensas al final de sus tareas. De hecho, hay un estudio en el cual una serie de niños se les deja en una habitación con caramelos, les comentan que no pueden comerlos, pero si logran esperar tendrán una recompensa mayor: una bolsa de llena de caramelos. Con esto se comprueba que los niños que logran esperar focalizan su atención en otras cosas, para más tarde poder obtener su recompensa, confirmando así 2 cosas bastante importantes para nuestro día a día:

I.   *Que los niños que saben esperar por sus recompensas llegan más lejos en su vida de adultos que los que no esperan.*

II.   *Que nuestro cerebro necesita estímulos para avanzar sin desanimarse y no entrar en el estado de continuo desánimo.*

Por esto, que es esencial practicar el ejercicio de premios después de haber alcanzado tus logros, por muy pequeños que estos sean. De esta manera entrenas a tu cerebro a no desanimarse cuando está trabajando horas extra. Mira en este link el estudio mencionado y toma tus propias conclusiones.

https://www.youtube.com/watch?v=9wsrC9ywNDc

Como féminas líderes debemos aprender a decir NO, al igual que aprender a planificar tu agenda y gestionar el tiempo adecuadamente para avanzar realizando los objetivos propuestos, construyendo paso a paso el camino a nuestras metas finales. Si realmente descubres que («time-management») gestionar el tiempo y la agenda se te complica, tienes la posibilidad de buscar a alguien que administre la agenda por ti o junto contigo para así agendar tus tareas más eficazmente. Aprende a delegar, confía en tu equipo para dejar las cosas en manos de estos. Si tu equipo es tu familia, confía en ellos para delegar diferentes tareas del hogar en sus manos, independientemente de que sean niños o adultos los que asuman estas tareas. Obviamente a un niño pequeño no le darás la tarea de cocinar, pero sí puede sacar la basura, limpiar la mesa, etc.

Superféminas *no mandan*, ¡lideran!

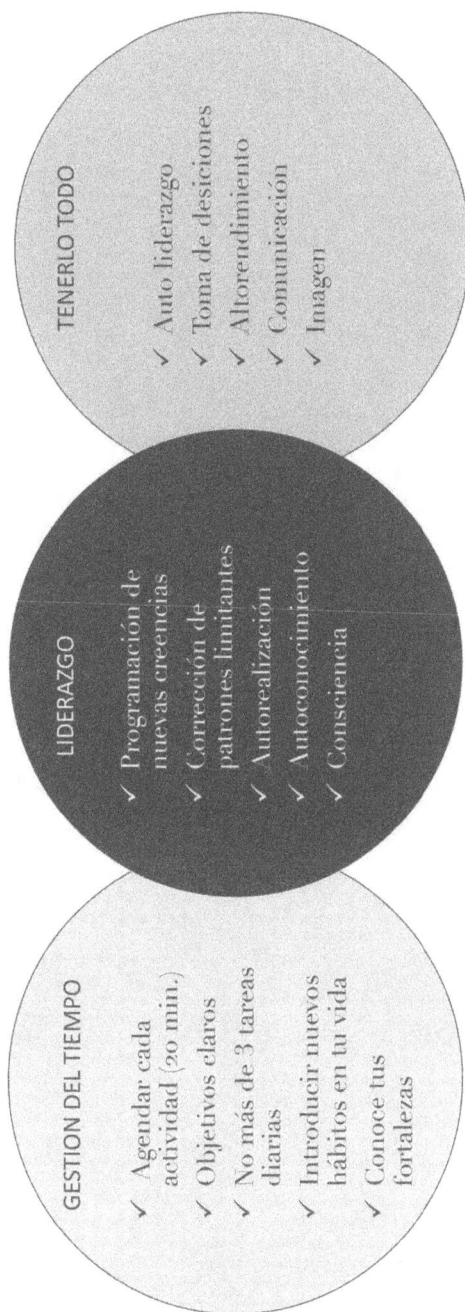

TENERLO TODO

✓ Auto liderazgo
✓ Toma de desiciones
✓ Altorendimiento
✓ Comunicación
✓ Imagen

LIDERAZGO

✓ Programación de nuevas creencias
✓ Corrección de patrones limitantes
✓ Autorealización
✓ Autoconocimiento
✓ Consciencia

GESTION DEL TIEMPO

✓ Agendar cada actividad (20 min.)
✓ Objetivos claros
✓ No más de 3 tareas diarias
✓ Introducir nuevos hábitos en tu vida
✓ Conoce tus fortalezas

91

¿CÓMO LO HIZO?

Muchas veces recuerdo a mi abuela Lucía, aunque nunca la conocí tengo una imagen clara de ella. Siempre escuché sus historias en la familia, sus formas, su manera de llevar la vida y, sobre todo cuando pasó tiempo con mi padre recordamos y hablamos de ella. Él suele recordar a su madre y contarme sus anécdotas recordando como las cosas funcionaban en aquellos tiempos. Asumo que la imagino y que la recuerdo porque me identifico mucho con ella. Una mujer de familia, de origen italiano, líder, vital, sociable y con gustos bastante refinados. Alrededor del año 1957 mi abuela ya era madre de 3 hijos, llevaba un negocio propio, atendía a su marido y organizaba las cosas del hogar como un subnegocio. Mi abuela lo gestionaba todo, desde las comidas familiares, que eran todos los días puntuales, hasta la vestimenta de su marido, mi abuelo, pasando por las actividades sociales de fin de semana, la gestión y la administración de su negocio y de su casa.

Además, mantenía una vida social con amigas para la hora del té y estaba siempre pendiente de que a sus hijos no les faltara nada. ¿Cómo organizaba su tiempo tan efectivamente? ¿Cómo era posible, en aquel entonces, sin las agendas que hoy acostumbramos a usar, sin los avances tecnológicos que hoy son tan normales en nuestras vidas cotidianas, que ella, y muchas otras mujeres, pudieran manejar tantas responsabilidades a la orden del día?

Lucía Allende

¿Cómo lo haces tú? Yo todavía no he tenido la fortuna de ser madre, pero cuando estudio estas diferencias de estilos de organización familiar, laboral y personal, llego a la conclusión de que es como todo negocio: necesitas un buen equipo, coordinación, tareas claras y objetivos organizados.

Mi abuela quizás no manejaba la típica agenda de hoy, pero solía utilizar una pizarra en la cocina donde escribía las tareas para todo su equipo. Su equipo se componía de la yaya, quien era la niñera principal, las otras señoras que manejaban las tareas domésticas de la casa, más la vendedora que se ocupaba del negocio que administraba mi abuela. En esta pizarra se notificaban tanto las tareas en particular como las compras especiales, la mercadería de la semana, la preparación de comidas o los pasteles y galletas que mi abuela necesitaba para socializar con sus amigas en aquella famosa hora del té. La yaya no era la abuela, sino que se le llamaba así por cariño, por respeto y porque formaba un pilar importante en la familia, ella se encargaba de los niños, de sus comidas a la hora, de sus ropas, colegio, etc. Lo que hoy conocemos como la «nani». Muchas mamás prefieren hacerlo todo ellas: llevar a sus hijos al colegio, cocinarles, cambiarles de ropa, educarlos, pero gestionar todas estas cosas conlleva mucha dedicación, esfuerzo y tiempo. Por ello necesitamos de apoyo y de un equipo para que nuestra familia pueda funcionar equilibradamente. Si eres una superfémina y tienes tu propio negocio necesitas dedicarle tiempo a este también para que este realmente funcione, además no podemos olvidar que es en beneficio de tu familia y para todos los de tu equipo.

Por tanto, cuando nos dedicamos a la familia es una regla primordial disfrutar de un tiempo de alta calidad con los

94

tuyos para luego focalizarnos en las actividades como la de nuestro negocio, gestión del hogar y otras cosas. No digo que sea fácil, creo que ninguna madre podría decir que es fácil dejar sus hijos en manos de otras personas para tareas básicas, cuidados o juegos, pero es una elección que debemos tomar. Somos 100 x 100 madres o somos: ¡100 x 100 todo!

Serlo todo no es ser la mujer perfecta, robótica, que lo sabe y lo soluciona todo. Creo que es más importante tener un amplio conocimiento, poder elegir qué tipo de fémina quieres ser, poder permitirte estar descontrolada, cansada o agobiada, en un estado emocional bajo hasta que tú misma decidas salir de allí y gestionar tu familia, tu negocio, tu vida personal, pudiendo llevar y organizar estas como a ti te parezca conveniente, pensando en un bien común para ti, tu familia y tu negocio.

95

Mi abuela Lucía y su gestión del tiempo fue ejemplar para mí. Hoy por hoy, cuando tengo la oportunidad de hablar con nuestra yaya familiar suelo preguntar por mi abuela, me fascina escuchar las repetitivas historias y así impregnarme de su esencia. Seguro que muchas de ustedes tendrán una abuela, una madre, una tía que les ha dado un gran ejemplo, creo que es esencial reconocer a estas mujeres, sus virtudes al igual que sus defectos, todo esto influye en nuestro desarrollo y nuestra manera de ver la vida. Compartamos y aprovechemos estas enseñanzas…

«Conoce tus libertades,
ejerce tus derechos,
Mantén tu esencia,
¡Empodérate!»

#Samara

III. MILANO, ITALIA.

Cuando hablamos de estilo e imagen la mujer milanesa sabe cómo hacerlo con precisión para tener un balance entre lo fashionable y confortable sin exagerar en los accesorios. Su misión es… ¡Siempre elegante! Lo que hoy vemos en las calles de Barcelona, Ámsterdam o New York lo vi en Milano hace bastantes años atrás. Aquellos vestidos acompañados de zapatillas que vestían, era para muchas de nosotras impensable y hoy es un look casual y muy femenino.

#IMAGEN

Cuando me preparaba para el estudio sobre este tema, la imagen de una mujer líder, me encontré con cantidad de blogs, unos informativos y otros que hablan de cómo vestir, lo que no debes hacer, tu presencia, la importancia de la primera imagen que dejas, etc., pero al llegar al núcleo de esta temática me fui dando cuenta de que la imagen laboral o ejecutiva proyectada por la mujer ha evolucionado paralelamente con ella. Pensemos en Laurene Powell Jobs o en Vera Wang, mujeres conocidas internacionalmente por su trabajo y destaca que saben llevar una imagen cosmopolita y femenina sin perder poder de liderazgo en su apariencia.

La imagen corporativa femenina ha sido por muchos años muy similar a la del hombre, una de las razones es simplemente que la mujer se siente más aceptada laboralmente vestida de esta manera y la otra es que hasta el momento las mujeres líderes no suelen mostrar su lado femenino. Esto nos ha protegido de confrontaciones innecesarias o de momentos bochornosos en un mundo masculino donde la imagen femenina se asocia con la atracción entre ambos géneros y se olvidan todas las capacidades intelectuales y sociales que nosotras, las mujeres, aportamos. La parte buena de esta afirmación es que ya estamos evolucionado a un sistema social donde las féminas no solo son apreciadas por su físico o su imagen, también por sus habilidades y capacidades. Por lo menos, ¡eso es por lo que luchamos! Y como mujeres líderes debemos dejar un buen ejemplo…

Ser fiel a nuestra esencia e imagen femenina no nos hace presas a cazar, sino que nos muestra firmes, femeninas y seguras de nuestros cuerpos, así como de nosotras mismas. La imagen no es solamente el vestir, el maquillaje que llevas, el estilo de tu peinado, el largo de tu cabello o los accesorios la imagen es una fusión entre cómo te presentas visualmente, tu comportamiento y tu actitud tanto en el ámbito laboral como en el privado. Primero que nada, tenemos que tener muy claro quiénes somos y qué queremos representar, y desde allí tomar decisiones sobre la imagen corporativa o laboral que quieras marcar. Una imagen en la que te sientas segura y poderosa será la imagen con la cual te posicionarás, por ello es necesario tener conocimientos de vestuario y de diferentes estilos. En el caso de que esto se te sea difícil, siempre puedes buscar una profesional que te ayude con el desarrollo de tu propio estilo[11].

La idea de una imagen cosmopolita como mujer profesional puede ayudarte en diferentes aspectos, aparte de resaltar tu personalidad también te caracterizará. Además, la mayoría de personas reaccionan instantáneamente más formal hacia una fémina estilosa y cuidada. Tampoco hemos de olvidarnos que la imagen no es tan solo el vestuario o el estilo que acostumbres a lucir, sino todo lo que relacione la imagen que proyectas con tu persona. En conclusión, puedes preguntarte:

11. http://www.efectomujer.com/blogefectomujer/como-vestir-de-forma-elegante-y-profesional-para-el-trabajo
http://www.finanzaspersonales.co/trabajo-y-educacion/articulo/como-vestir-segun-la-profesion/58500

Superféminas *no mandan*, ¡lideran!

- ¿Es este el empaque adecuado para mi contenido?
- ¿Qué estoy proyectando?
- ¿Me siento definida por lo la imagen que represento?

¡No olvides... tú eres el contenido!

«*La belleza interior*
y el amor para con una misma
se reflejan y se expresan
en lo exterior.»

#JorgeBucay

TU MOMENTO.

Ya lo hemos comentado antes en este libro, la importancia de agendar ese momento durante el día para reconectar con nuestro ser. Ese momento en que te encuentras sola contigo misma y reordenas tus ideas y pensamientos. La realidad es que podemos hacer de muchos momentos «nuestro momento». Si vas a dedicarte a escribir un proyecto o un trabajo, procura que tu entorno te motive, prende unas velas con perfume, flores que alimenten tu vista, un buen café si eres adicta a la cafeína como yo... y te lanzas a escribir. Si vas a hacer deporte ponte un conjunto deportivo guapo donde no solo te sientas cómoda, sino que también te sientas bella. Usa perfume, aunque vayas a sudar, una buena crema hidrante en tu piel, etc. Cuida de ti y haz de cada acción diaria un ritual que te sirva para reconectar. Crear esos momentos son significantes para disfrutar de lo que haces y que lo hagas en el presente. Muchas veces pasamos los días en el pasado pensando en lo que no hemos hecho o en el futuro pensando en lo que todavía nos queda por hacer y olvidamos, por completo, el presente. Por eso las animo a que practiquen la reconexión en el presente a través de aquellos momentos.

¿CON QUÉ VIBRAS?

Descubriendo qué hace vibrar tu corazón, descubrirás qué te motiva realmente. Para esto debes estar unificada con tu propio ser. Recuerdo haber estado 3 años intentando encontrar motivación para comenzar un nuevo proyecto, se me hacía más difícil cada día, hasta que entendí que estaba totalmente desconecta de mi ser, nunca había practicado algún tipo de ejercicio que me enseñara a escuchar mi ser interior. Algunos me decían: «Haz de practicar Yoga, haz de caminar por la playa, haz de practicar *jogging* o haz de respirar», pero nada de eso tenía sentido, no tenía una meta o un propósito. Practiqué cada una de las cosas mencionadas y parecía que nada ayudaba, hasta que encontré lo que me emocionaba y me brindaba energía: la equitación. Este deporte me ayudó a reconectar, apreciando esos hermosos animales tan inocentes, pero a la vez tan fuertes, ayudándome a vencer mis miedos. El poder ejecutar un *hobby* bastante físico y de riesgo, ya de adulta, llegó ciertamente a ser también un reto a maestrear. Aquellos momentos, entre las caricias y cuidados al animal, fueron cruciales para sentir mi ser y cultivar aquella llama que parecía estar más pequeña que nunca. Allí comencé nuevamente a practicar «el sentir, el respirar, el escuchar» lo que mi compañero animal me confiaba. En aquellos momentos mi voz interior tuvo sentido y poco a poco fui reconectándome con mi ser/divinidad/dios/energía cósmica o como le quieras llamar. Aquellos momentos me brindaron claridad de pensamiento inmediatos. Nuevas ideas llegaban a mi mente sin mucho esfuerzo y cada día desarrollaba más motivación en lo que hacía. *La equitación fue, por mucho tiempo, ¡mi recompensa semanal!* Con esta práctica descubrí lo sumamente importante que es para mí mantenerme en un estado de alegría que me haga vibrar, me entrega felicidad, entusiasmo, motivación, siento que vibro continuamente en un estado alto y que todo fluye mucho más fácil... Mi pregunta ahora es, ¿con qué vibras tú?

«*PERFECCIÓN*
es cómo puedes,
te sale y te llega…»

#NataliaMora

¿QUÉ VALORES APORTAS?

Hay momentos también en los que tenemos que dejar de observarnos interiormente y ver qué podemos aportar a otros. Es como un círculo vicioso en el cual, aportando a otros algo positivo nos aportamos a nosotros mismos también. Aportar puede ser una idea, un consejo, una solución a un problema, un punto de vista diferente o solo saber escuchar cuando es necesario.

Puedes aportar tus experiencias como motivación para que otros también puedan superar aquellos obstáculos, aportar una ayuda, aportar cariño, o aportar seguridad y confianza a otros. Regalar algo positivo es una cualidad que puedes aprender. Ayudar o aportar trae satisfacción personal, desarrollamos confianza en nuestro círculo, colaboramos en formar una sociedad más saludable y creamos, en muchas ocasiones, grandes amigos. Yo los veo como *regalos sociales*, estos son sin límites y siempre sin esperar nada a cambio. ¡No has de olvidar de eso!

Acostumbramos a aportar valores, normas y cualidades a nuestros hijos o a las personas queridas de nuestra familia. Es normal y la mayoría diría que es algo innato que hacemos, pero aportar estos mismos valores y cuidados a personas externas o extrañas es bastante difícil. Otra tarea a practicar ☺... Te preguntarás: ¿y para qué? Es sencillo. Si todas nosotras aportáramos valores sinceros, como la autonomía en todo el sentido de la palabra, confianza, sentido de responsabilidad, capacidad de asumir riesgos y consecuencias de las decisiones tomadas, aprender a compartir, saber ayudar, motivar, potenciar talento colectivo, transparencia, compromiso, integridad, honestidad, autorreflexión, etc. ¿Cómo sería nuestro mundo? Quizás para muchas suene idealista, pero les pregunto: ¿no querrías que tus hijos, nietos, familiares fueran más sabios que vosotras y que pudieran vivir en una sociedad más responsable, avanzada y justa? Es sembrar una semilla de la cual sabes que saldrá una bella flor en el futuro.

Al fin y al cabo, quien eres y tu integridad, siempre será más importante que todo lo material que puedas poseer. Tus valores reflejan quién realmente eres y esto se puede medir muchas veces por cómo haces sentir a otras personas.

110

Esta es la filosofía de W2WBusiness (women to women business) desarrollar oportunidades de negocios y colaboraciones entre mujeres donde todos los partidos se beneficien conscientemente aportando al otro y manteniendo así una productiva relación de larga duración, donde ambos partidos se sientan ganadores. A esto se le llama un «*win & win situation*[12]», dándole la oportunidad a empresas o negocios más pequeños de crecer y expandir juntas.

---

12. *La estrategia win-win, dirigida a un beneficio principalmente tangible aunque también emocional, es practicada en las sinergias de negocio entre empresas, sobre todo entre profesionales de forma directa (por ello más practicada por autónomos que tienen poder de decisión que por mandos que forman parte de empresa o trabajadores) y es un punto clave en los negocios y actividades de networking pues «una parte aporta algo con la que ganará la otra; pero a su vez recibe el mismo favor».*

BALANCE

Yo personalmente no creo en un balance perfecto, creo que cada persona percibe un balance laboral/personal de vida diferente. Si trabajamos 40 horas a la semana, nos quedan alrededor de 24 horas de lunes a viernes, más el fin de semana, para cuidar de nuestra familia, pareja, socializar, voluntariados, hacer deporte, trabajo personal, formaciones, etc. Justamente por estas pocas horas que nos quedan y por tantas cosas por hacer y porque depende mucho de las prioridades de cada una de nosotras, el balance es cuestionable. Creo que el balance se encuentra cuando nos sentimos bien con nosotras mismas y estamos contentas con las acciones y decisiones que tomamos. Es allí donde vemos que el balance es para cada una de nosotras algo diferente. Por eso es importante cuando eres una fémina líder llevar una agenda organizada, estar en buena forma físicamente, saber tomar decisiones rápidamente, ser flexible, saber cuándo descansar y así ocupar el tiempo lo más efectivamente posible, siempre y cuando esto sea lo que deseas.

REGALOS SOCIALES

Anteriormente comenté brevemente sobre los regalos sociales, son gestos de amabilidad sin interés alguno, sin esperar nada a cambio. Como, por ejemplo: dar consejos libremente a quien lo necesita, o aquella persona que va a pagar su *parking* y no encuentra alguna moneda y tú se la ofreces o aquel favor que le haces a tu vecino cuando lo necesita. Otro regalo social puede ser cuando libremente entregas comida y mantas a la fundación de animales más cercana o cuando donas ropa a alguna organización. Me encantó una vez que vi que 120 personas se juntaron para limpiar las playas de su ciudad, creo que es un ejemplo importante en nuestra sociedad. Estos regalos sociales son la base de una sociedad amable, consciente, gentil, social y abundante.

Ya sabemos que la vida cotidiana puede ser, a veces, muy estresante y que cuando perdemos el sentido de sentir lo que estamos haciendo, ponemos en marcha nuestro piloto automático. Lamentablemente nuestro piloto automático no es perfecto y solemos cometer errores cuando estamos en este modo. Salimos de casa y dejamos las llaves dentro, además no hay nadie cercano que tenga una copia, tu móvil se queda sin batería, no puedes llamar a ningún cerrajero para que te ayude a abrir la puerta y piensas: «oh Dios, ¿por qué a mí?» O, «¿por qué nuevamente?». ¿No te sientes bien y más que aliviada cuando le preguntas a tu vecino o a alguna persona si puedes utilizar su móvil para llamar a algún familiar y solucionar el haberte quedado fuera de tu casa, sin llaves, sin teléfono y esta persona en cuestión te brinda sin ningún interés ayuda, permitiéndote utilizar su teléfono, solucionando así el problema? ¡Qué alivio, ¿no?! Pues en nuestra sociedad hay mucha gente que en una situación así simplemente NO te ayudará, no permitirá que uses su móvil, porque no les importa, porque son desconfiados y ven el mal por todas partes o simplemente porque no les da la gana. Me encantaría pensar que luego el universo se encarga de que estas personas pasen por una situación similar y que reciban una dosis de lo mismo que van por ahí sembrado.

Os animo a generar más regalos sociales cuando sea necesario, a educar a aquellos que todavía no comparten esta mentalidad social y que dejemos una huella profunda a seguir. Esta mentalidad de dar, ayudar y de generosidad es la base de toda abundancia, además te ayuda a despegarte de cosas, aprendes a ser más agradecida, te da un sentido de propósito, motivas a otros a ser más generosos y creo que, lo más importante, es que cultivas relaciones duraderas.

Haz una lista de los regalos sociales que estás dispuesta a hacer en los próximos meses, agrega una fecha de cumplimiento y así comprobarás si realmente te has comprometido con ello.

✓ _____
✓ _____
✓ _____
✓ _____

«No tienes que ser perfecta
para ser
extraordinaria…»

#OhLatina

IV. KUALA LUMPUR, MALASIA.

Esta ciudad asiática llamada también «Ciudad de las luces» es uno de los centros neurológicos de las finanzas y mantiene una de las economías más prósperas del mundo. Es una ciudad, en constante desarrollo y crecimiento, lo más admirable es la mezcla de 3 grandes culturas: la cultura de China, la cultura de Malasia y cultura de la India, mezclando religiones distintas como la budista, la hinduista y la musulmana. Quizás el secreto sea la diversidad cultural y el respeto. Y como ciudad cosmopolita y desarrollada, las mujeres tienen allí un estatus especial, donde se le dedican vagones de metro y plazas de parkings exclusivos para féminas.

#FINANZAS

Me encantaría en el futuro escribir un libro como guía de finanzas femeninas. Con 20 años de experiencia financiera en mis propios negocios y en la vida personal, creo que he llegado a entender que la **administración del dinero es primordial** para llevar una vida tranquila y exenta de estrés financiero. Independientemente de si es la administración de la vida cotidiana, de tu familia, de tu vida personal o de la de tu negocio, hay bases económicas primordiales que necesitamos aplicar para así llevar una vida más organizada, para dormir tranquilas y sentirnos seguras. Un colchón financiero siempre brinda cierta seguridad. En los países nórdicos los niños aprenden en sus casas la base de la administración del dinero que los padres otorgan semanalmente, aprenden a llevar un registro administrativo y en frascos con diferentes nombres apuntados. Por ejemplo: «vacaciones», «cumpleaños» o «navidades». Juntan dinero durante todo el año para los objetivos deseados o en algunos casos para tener dinero extra para un capricho. El hecho de aprender a gestionar el dinero muchas veces va más allá de un simple antojo o de gestionar sus mini finanzas, muchas veces es crearles una consciencia financiera aprendiendo a ahorrar desde temprana edad para sus estudios de mayores. También se les enseña a donar parte de sus ahorros a fundaciones para niños desvalidos o con enfermedades graves. Así que, desde niños adquieren el hábito, una consciencia financiera tanto como humana aprendiendo administrar, invertir y guardar dinero para el futuro con diferentes metas. Como comentaba, algunos ya juntan dinero para los estudios de la universidad o la compra de su primera vivienda. Creo que es un excelente hábito, teniendo claro los objetivos. Es por esto que muchos de ellos, ya de adultos, no necesitan endeudarse cuando necesitan un ordenador nuevo o aquel nuevo móvil que acaba de salir y está de moda. Holanda es uno de los países que más dona en el mundo a organizaciones internacionales que ayudan a un bienestar colectivo.

Hoy en día, en muchos países, esta forma de administración económica infantil se enseña. En Malasia se aplica ya en diferentes colegios. Con el enorme crecimiento de nuevos ricos en este país es fundamental que sepan administrar desde niños. Una enseñanza que antes solo parecía ser de los más favorecidos hoy está alcance de todos.

Yo, personalmente, aprendí este hábito de adolescente, me costó aprender a administrar todo lo que generaba. De hecho, perdí mucho dinero por no saber las reglas básicas del movimiento financiero. Mi primer negocio lo comencé cuando tenía 21 años, fue un salón de equipos de broncear. Era pequeño, pero fue el comienzo de mis prácticas y enseñanzas financieras, mientras estudiaba economía y administración de empresas en la universidad abierta de Ámsterdam. Del estudio académico creo que puedo decir que aprendí, obviamente, el desarrollo de un balance empresarial, a reconocer y traducir ganancias, costes y por supuesto, descubrir el rincón de las pérdidas, desarrollar planes de negocios, estructuras financieras y cómo llevarlas a cabo, entre otras muchas cosas más, pero a pesar de esto, en la práctica, las cosas han sido diferentes. Mi afán por crecer rápido hacía que invirtiera mucho dinero en ello, dejando cosas importantes de lado, lo cual me llevaba a vivir grandes momentos de estrés por no tener suficientes colchones financieros. A pesar de estos riesgos mi mini empresa creció, transformándola finalmente en una fórmula y concepto de franquicia. Expandí mi marca y productos hasta el año 2010, momento en el que decidí traspasar y soltar este negocio con 13 años de experiencia. Fue difícil emocionalmente, ya que había sido mi primera creación y fueron muchos años. A pesar de gestionar este negocio en el año 2008 creé un nuevo proyecto, en el cual pude concentrarme al 100%. Mi nuevo negocio era una inmobiliaria donde trabajaban solamente agentes inmobiliarios femeninos, fue una de las primeras inmobiliarias que trabajaba *online* y nuestro nicho[13] eran específicamente *expats*[14] relocalizados en la ciudad en de Ámsterdam. Un rubro[15] totalmente diferente, pero me encanta. Comencé este estudio, M.P.S. Inmobiliaria VBO oficial, en la escuela NCOI de Holanda en el año 2004 pensando en el futuro. Lo quería saber todo, inversiones de inmobiliaria, crear mi propio portafolio y soñaba con comprar algún día el palacio de la Ribera donde viví de niña por un par de años guardando de este lugar recuerdos hermosos. ¡Nunca llegué a comprarlo, pero el sueño sigue existiendo!

121

La idea es soñar en grande, independientemente de si logras tu sueño o no… ¡Es motivante! Puedes alcanzar metas que nunca pensaste poder alcanzar, soñar en grande asus-

---

13. *Un nicho de mercado es un término de mercadotecnia utilizado para referirse a una porción de un segmento de mercado en la que los individuos poseen características y necesidades homogéneas, y estas últimas no están del todo cubiertas por la oferta general del mercado.*

14. *Expatriados, se usa para definir a profesionales que se desplazan a trabajar en otros países.*

15. *Un rubro comercial es el sector de la actividad económica que engloba a las empresas que actúan en una misma área.*

ta a mucha gente y más que seguro a la de tu alrededor, porque ellos solo ven los riesgos y tú las oportunidades, eso te diferencia, ¡tenlo en mente! Recuerdo a nuestro vecino en Ámsterdam, un holandés ya maduro que siempre prestaba ayuda a mi madre con los cálculos de impuestos anuales a pagar. Cuando le comenté, en ese entonces, que me gustaría comprar otra vivienda en la ciudad y alquilarla a terceros, me dijo claramente que si estaba loca. ¿Por qué tomar tal riesgo, si con el piso que ya tenía era suficiente? Él vivía en una casa que había comprado 25 años atrás y era feliz. Dentro de 5 años terminaría de pagar su hipoteca, y ya era más que suficiente para él. Tuvimos una larga charla sobre el tema, riesgos, impuestos y esas cosas. A pesar de sus argumentos llegué igualmente a la misma conclusión: para mí no había otra opción que invertir en un nuevo apartamento con el fin de alquilarlo. Cuando logré comprar esta segunda vivienda me mudé a ella y alquilé el primer piso amueblado. El alquiler de este piso me daba para pagar ambas hipotecas y vivir tranquila. Lógicamente, haz de hacer un estudio del lugar dónde inviertes, saber si puedes alquilar en esa zona y por cuánto, analizar los años de hipoteca, costos, renta, etc.

Yo soy partidaria de tener un negocio propio y si trabajas en una multinacional ver la manera de, igualmente, dedicarle tiempo a un mini negocio «propio» que te genere ingresos mensuales. La idea es crear ingresos pasivos.

Ingresos pasivos son ingresos en los cuales no necesitas invertir tu tiempo al 100%. Por ejemplo: el alquiler de una vivienda es un ingreso pasivo que no necesita tu atención continua. Otro ejemplo: alquilar tu coche. Hoy en día hay aplicaciones donde puedes ingresar tu coche y mientras estás trabajando en la oficina tu coche trabaja para ti generándote más o menos unos 500 € extra al mes. Vender un curso *online* o cualquier otro producto que salga directamente del almacén donde lo fabricas, eso se llama «outsourcing[16]». Hacer tus propios cuadros y venderlos en línea o como comenzó Gretta van Riel, ella vendía saquitos de té en línea con el nombre de «Détox Tea». Hoy en día es una de las mujeres de negocios en línea más conocidas, generó alrededor de 600.000 € en los primeros meses después del lanzamiento de su détox té. ¡Impresionante!

Paralelamente a la creación de un ingreso extra, debes estudiar la fuga de dinero que puedas tener. Una fuga de dinero puede ser tarjetas de crédito, préstamos, un gym demasiado costoso o, en realidad, cualquier gasto que sea continuo y que no te aporte nada. Las tarjetas de crédito son buenas cuando el interés que pagues no sea superior al 2%, en caso contrario, procura no ocuparlas. Los préstamos pueden ser interesantes, dependiendo de la renta que te cobren y dependiendo de para qué los utilices. Ejemplo, si pides un préstamo de 10.000 € al banco con el 2,5% de interés a pagar por un periodo de 2 años, con este préstamo compras un coche que puedes alquilar por semanas en las horas en las que trabajas en la oficina y generas 500 €. Con estos ingresos pagas el préstamo más los intereses y al final de 2 años tienes el coche, en realidad gratuito, y además un extra.

El punto aquí, es estudiar cómo puedes hacer que el costo en sí se transforme en una inversión generando ingresos. Una hipoteca para un apartamento nuevo donde pagas de hipoteca unos 1000 € mensuales al banco. Puedes alquilar una habitación a un estudiante, dejándote solo a pagar so-

123

---

16. *Outsourcing; es un término inglés que podemos traducir al español como «subcontratación», «externalización» o «tercerización». En el mundo empresarial, designa el proceso en el que una organización contrata a otras empresas externas para que se hagan cargo de parte de su actividad o producción.*

lamente 600 € mensuales, de esta manera también colaboras con los estudiantes que necesitan un hogar mientras están en la universidad. Mi punto aquí es, que intentes ser creativa y logres generar ingresos extras junto a tu sueldo fijo, claramente si, ahorrar dinero es una de tus metas.

Muchos hablan de la libertad financiera, pero, ¿qué es la libertad financiera? Algunos dicen que es la cantidad de tiempo que puedas vivir de tu dinero después de dejar de trabajar, otros comentan que es vivir sin preocuparte por el dinero. Para mí, la libertad financiera es lograr tener ingresos constantes con un mínimo esfuerzo, ingresos que mantengan tu nivel de vida y además te permitan invertir en otras oportunidades de negocio sin tener que trabajar aquellas 40 horas semanales. Pienso que tenemos que asumir que siempre habrá algo de trabajo. Gestionar y controlar tus ingresos pasivos mantendrán lo que ya hemos creado. De hecho, utilizar un sistema para seguir generando y manteniendo ingresos de manera automática implica igualmente trabajo, control administrativo, gestión y organización. Mantener tus ingresos o lograr que vayan subiendo anualmente es lo más difícil en una empresa o en una inversión. Por esto prefiero pensar en alcanzar un «bienestar económico constante» más que en la libertad financiera como tal.

*«Confiar es bueno,
pero controlar, ¡es mucho mejor!»*

#DDuric

EL DINERO.

¿Has pensado alguna vez cuánto dinero necesitas para cubrir tus gastos y vivir la vida como te gustaría? ¿Has hecho una lista de tus ingresos y costos? ¿Piensas en el dinero como en un objeto de intercambio o una herramienta? ¿Qué piensas en realidad sobre el dinero? O, ¿solo piensas en lo que tienes que pagar y gastar?

El dinero es un activo aceptado como medio de pago. Es una herramienta básica para la vida cotidiana de hoy, esencial para poder adquirir los bienes materiales que deseas utilizándolo también para invertir en objetivos que generen más ingresos.

El dinero, desde el punto de vista social cubre nuestras necesidades, y más en nuestra sociedad actual. La pirámide de Maslow[17] representa las necesidades del hombre en general, comenzando por cubrir las necesidades más básicas, desde la alimentación hasta llegar a la autorrealización, adquiriendo bienes económicos, ayudando a otros y generando un bienestar económico constante.

---

17. *La pirámide de Maslow es una teoría de motivación que trata de explicar qué impulsa la conducta humana. La pirámide consta de cinco niveles que están ordenados jerárquicamente según las necesidades humanas que atraviesan todas las personas.*

El dinero, desde el punto de vista de la ciencia, es materia sólida, compuesta por pequeñas unidades que se denominan átomos. Dentro de estos átomos se encuentran también las partículas Alfa, cuando estos átomos se unen forman una molécula. Todas estas partículas poseen energía, por lo que se encuentran en continuo movimiento pudiendo transformarse en otra forma de energía, siempre resonando en la vibración que contiene el dinero. Este principio de la termodinámica es una de las leyes fundamentales de la física. En otras palabras, esta ley explica que la energía no se crea ni se destruye, **se transforma.** ¿Qué quiere decir esto?

En este mundo todo está compuesto de grandes grupos de partículas subatómicas, tu cuerpo, un árbol, un coche, los pensamientos, el dinero, el mundo en sí, junto con todo lo demás que conocemos, son concentraciones de energía. Nuestro universo está compuesto de energía y estos grupos grandes de partículas se comportan de manera increíble y se encuentran a nuestra disposición. Por la sencilla razón por la que se agrupan formando diferentes elementos como un barco, de un coche de lujo, una casa, un reloj o dinero, estos grupos de partículas se encuentran en nuestro pensamiento individual y colectivo. La física nos cuenta que el hecho de observar un objeto causa que él mismo esté allí donde y cuando lo observamos.

El dinero, desde el punto de vista de la espiritualidad, es energía que fluye constantemente dependiendo de cómo la trabajes. Si no cuidas y no das amor a tus plantas, morirán. Si no le das cariño y atenciones a tu mascota entrará en depresión. Lo mismo con el dinero, haz de quererlo, respetarlo y aceptarlo como símbolo de energía divina en el campo material, esencial para la circulación y la creación de riquezas y bienes. El dinero también es espiritual puesto que este se mueve a través de las energías, como la de la abundancia y la creación.

Según los estudios realizados por Bert Hellinger hay 3 leyes fundamentales para permanecer en abundancia continua:

✓ El equilibrio entre el dar y el recibir.
✓ Respetar el orden.
✓ La pertenencia.

En conclusión, se podría decir que el dinero es una energía neutra, la cual está formada, como todo en este mundo, de materia. La materia no se crea, ni se destruye, solo se transforma. Por tanto, solo nosotros podemos decidir con qué mentalidad queremos experimentar la materia del dinero. Si nuestra conciencia es de escasez, el enfoque hacia el dinero será siempre de estar en busca de él. Si nuestra conciencia es de abundancia, dando el enfoque a un bien común, siempre lograremos generar más que suficiente. El dinero, desde mi punto de vista, es una herramienta independientemente de la energía con que se mueva, nuestro deber es aprender a administrarlo eficazmente, no solo para tu propio bien, sino también para un bien común y colectivo. Piensa en productos, cursos, libros que ayuden a otros, piensa en colaboraciones, piensa en educación, medicina, etc. El dinero y la abundancia suelen ser el resultado de tus acciones, si focalizas tu energía en tu trabajo, en lo que en realidad te gusta hacer, en lo que amas y lo haces con pasión, el dinero, al igual que la abundancia, serán el resultado.

129

Estos puntos básicos son el comienzo para descubrir qué relación tienes con el dinero. ¿Eres de mentalidad trabajadora o de mentalidad de negocios? ¿Mentalidad derrochadora o justamente inviertes? ¿Te gusta el dinero o crees que solo es necesario? ¿Qué tipo de creencias tienes sobre el dinero? ¿Crees que el dinero es un mal y que hace a la gente infeliz o crees que el dinero te proporciona tranquilidad y que con él puedes facilitar la vida a los tuyos? ¿Sabes administrar el dinero o justamente el dinero te causa miedo?

Una superfémina aprende a administrar sin dejar de invertir en ella misma, aprende a transformar sus pensamientos para que refuercen sus creencias de forma positiva, observa y mejora lo necesario para lograr sus metas, siempre vibrando alto. Ya que estamos en un mundo donde todo es materia y energía vibratoria debemos utilizarla a nuestro favor para crear y alcanzar nuestros objetivos.

Un ejercicio fácil de hacer y eficaz a largo plazo para crear hábitos de administración es guardar 1 € diario, ¡tan simple como eso! La idea aquí no es cuánto dinero logras guardar, sino crear el hábito de guardar dinero, con o sin, un fin especial. Si estás en la primera fase de una buena relación con el dinero, el practicar el ahorro sobre el 10% de tus ingresos es un buen comienzo. Si eres ya una fémina líder más avanzada y tienes cubierto todo lo básico, tienes un buen colchón de ahorros, puedes aventurarte a invertir a corto y a largo plazo. A largo plazo puede ser una vivienda, a corto plazo unos fondos anuales teniendo en mente una rentabilidad de entre el 7 y 10%.

- ✓ Corto plazo: de 1 a 5 años.
- ✓ Largo plazo: a partir de 5 años.

Otro ejercicio es hacer una lista de 10 cosas que tengas en tu vida, de valor económico, por las que estás agradecida. Por ejemplo, tu coche, tu ordenador, tu móvil, tu tv plasma, etc. Tener conciencia sobre lo que ya tienes es necesario para crear más abundancia. Lo que muchos dicen: ver el vaso medio lleno o medio vacío, ¿cómo lo ves tú?

Luego haces una lista de las próximas 10 cosas que deseas alcanzar, comprar o crear con una fecha límite y una descripción de cómo lo piensas alcanzar. Este ejercicio será tu guía para los próximos meses donde focalizarás tu energía, logrando que estos 10 mini objetivos lleguen a tu alcance.

Último ejercicio, pero no menos importante. Muchas de nosotras ya lo hacemos más que seguro, pero para las que todavía no tienen la costumbre de ejercitar, sería esta una buena oportunidad para comenzar. Aquí hablo de llevar/administrar/hacer/realizar/organizar la administración de tu persona, de tu hogar/familia o de tu negocio. Adjunto una tabla básica donde puedes escribir los ingresos, gastos y fugas de dinero mensuales, esto te dará una imagen real de dónde inviertes tu dinero, pudiendo, desde ahora, tomar medidas, si es necesario. Hoy en día hay muchas aplicaciones que nos pueden ayudar a administrar mejor, pero para no complicarnos, con esta tabla básica tendrás bastante claro dónde se encuentra tu dinero en estos momentos. La idea aquí, como en los ejercicios anteriores, es de aprender a administrar nuestros ingresos cada vez mejor, tomando decisiones inteligentes para nuestro futuro y dónde queremos llegar. Recuerda que cuando nos vamos de este mundo no nos llevamos nada, y que todo lo que hemos trabajado durante los 45 años de vida laboral habrá sido, tan solo, para mantener o mejorar el estilo de vida que hoy escojamos.

LA VIDA.

No sé si alguna vez has pensado lo que tus abuelos o tíos solían decir: «La vida es corta, ¡hay que disfrutarla!» De hecho,
es bastante corta si lo miramos objetivamente. Pasamos la
mayor parte de nuestras vidas preparándonos para trabajar,
comenzamos la enseñanza a la edad de 4 años y estudiamos
hasta los 25 años (como media), luego entramos a trabajar
en grandes empresas para desarrollar una carrera lo más
interesante posible y nos mantenemos trabajando desde los
25 hasta los 65 años esperando jubilarnos para disfrutar de
la vida. Eso de que «la vida es corta», lo seguimos escuchan-
do de vez en cuando, aquí un detalle a analizar: el prome-
dio de vida de cualquiera de nosotros es de 68 a 70 años,
por tanto, si nos mantenemos sanos podríamos disfrutar de
nuestra jubilación unos 3 años, más o menos, poco ¿no?
Trabajamos 40 años de nuestras vidas donde tenemos derecho, 2 veces al año, a unas pequeñas vacaciones, para luego
disfrutar tan solo un par de años de nuestra jubilación… Es
decir, estudiamos hasta los 25 años, comenzamos a trabajar
por un periodo de 40 años, nos jubilamos a los 65 y, con
suerte, podemos disfrutar de nuestra pensión unos 5 años
si estamos bien mental y físicamente ☹. Hay que decir que
nuestra generación tiene más opciones que esta. No digo
que esta forma de llevar la vida no sea ideal o satisfactoria,
para muchos sí lo es, solo intento que tomes conciencia sobre la vida que llevas o la que quieras llevar, tomando decisiones en base a tus propias elecciones.

LÍNEA DE VIDA

NACIMIENTO

MUERTE

0   10   20   30   40   50   60   70   80   90   100

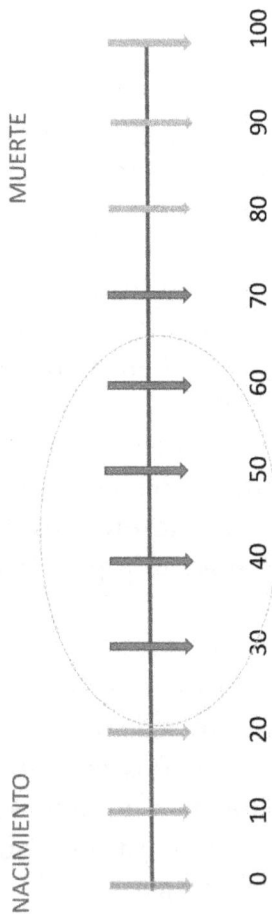

☐ NUESTRO PRIMER TRABAJO A LOS 20 AÑOS
☐ TRABAJAMOS HASTA LOS 65 AÑOS
☐ TRABAJAMOS LA MAYOR PARTE DE NUESTROS AÑOS
☐ SOLO 82% DE NOSOTROS VIVEREMOS HASTA LOS 70 AÑOS
☐ PROCURA VIVIR LA VIDA QUE QUIERES

SHOW ME THE MONEY!

En conclusión, se podría decir que la enseñanza no está en cuánto dinero logramos crear o generar en nuestras vidas, sino en cuánto logramos administrar y mantener de todo este dinero generado. Pensemos un momento en la gente que gana con la lotería 2 millones de euros, o más, y al cabo de 5 años no conservan nada de ese dinero. Muchas veces hasta se quedan más endeudados que antes de ganar aquella lotería. ¿Cuál es el motivo de esto? Pues el poco conocimiento administrativo, la famosa mentalidad de pobre que algunos *coach* llaman. No aprendieron a administrar, ni a invertir, ni a generar más dinero o a mantener lo que han ganado. Esta mentalidad mediocre hace que malgastemos y no tomemos conciencia del valor del dinero, logra que no lo cuidemos y quizás, hasta un desinterés inconsciente del dinero que manejamos. Paralelamente a estos argumentos hay que pensar que la mayoría de nosotros, normalmente, no aprendimos nunca a administrar o generar ingresos. Nos enseñaron a contar, multiplicar, a trabajar por un sueldo, pero no nos enseñaron a administrar nuestros ingresos activamente y mucho menos a multiplicarlos. Por esto, no es extraño que el 70% de la gente que gana grandes premios lo pierda todo al cabo de unos años.

Una regla muy básica y entretenida para ejercitar desde ahora es la del mantenimiento, administración y observación de tu ganado... ¡de tus vacas y de tus perros! Aquí nuevamente un gran recordatorio de Silvia.

Esta analogía financiera, Matriz BCG[18], no tiene nada que ver con animales o mascotas reales, su finalidad es ayudar a decidir enfoques concretos para distintos negocios con ejemplos como la estrella, el interrogante, la vaca y el perro.

- Estrellas. Las estrellas operan en industrias de alto crecimiento y con una elevada cuota de mercado. Las estrellas son esencialmente generadoras de efectivo.
- Interrogantes. Tienen reducida cuota de mercado y están en mercados de rápido crecimiento que consumen gran cantidad de dinero en efectivo. Tienen potencial para crecer y convertirse en una *estrella*.
- Vacas. Son los productos o UEN[19] más rentables y deben ser «ordeñadas» para proporcionar la mayor cantidad de dinero como sea posible.
- Perros. El cuadrante de *perros* tiene baja cuota de mercado en comparación con los competidores y operan en un mercado de crecimiento lento.

136

---

18. *Matriz BCG de crecimiento, conocida como Matriz de Boston Consulting Group, es un método gráfico de análisis de cartera de negocios desarrollado por el Boston Consulting Group en en la década de los 70. Se trata de una herramienta de análisis estratégico, específicamente de la planificación estratégica corporativa.*
19. *Unidad estratégica de negocio. Las unidades estratégicas de negocio o UENS son unidades organizativas en que se divide la empresa en función de las actividades o negocios que posee.*

MATRIZ BCG | HERRAMIENTA ESTRATÉGICA DE NEGOCIOS

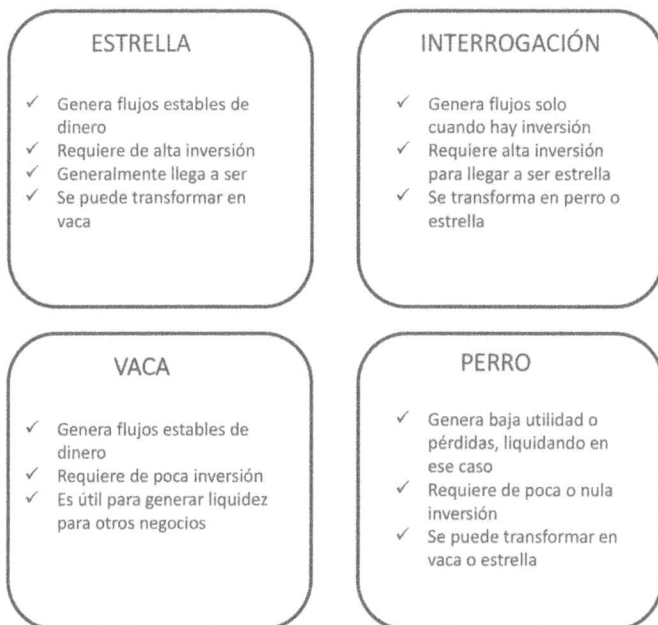

ESTRELLA

✓ Genera flujos estables de dinero
✓ Requiere de alta inversión
✓ Generalmente llega a ser
✓ Se puede transformar en vaca

INTERROGACIÓN

✓ Genera flujos solo cuando hay inversión
✓ Requiere alta inversión para llegar a ser estrella
✓ Se transforma en perro o estrella

VACA

✓ Genera flujos estables de dinero
✓ Requiere de poca inversión
✓ Es útil para generar liquidez para otros negocios

PERRO

✓ Genera baja utilidad o pérdidas, liquidando en ese caso
✓ Requiere de poca o nula inversión
✓ Se puede transformar en vaca o estrella

137

#SUPERFEMINAS

Sin ánimo de ofender a nadie en esta sección hablaremos de las metodologías, de estrategias económicas nombradas como la vaca y el perro, representando 2 modelos diferentes de negocios. Estos modelos de negocios pueden ser vistos como animales o ganado, explicando así que una *vaca lechera* siempre genera ingresos, siendo rentable a corto y largo plazo para retroalimentar la estrella, en cambio el *perro,* un negocio que genera rendimientos muy bajos o pérdidas siendo más que nada un costo.

La vaca lechera desde un punto de vista económico y estratégico produce, generando de diferentes maneras. Pensemos en la leche y en todos los derivados de esta: queso, yogur y otros. Además, en algún momento, la piel se puede utilizar en bolsos y zapatos, sin olvidarnos de la carne, que también es consumida. La vaca en sí es una inversión siendo siempre un ítem rentable.

El perro, nuevamente, desde de un punto de vista económico y estratégico, es una inversión de un producto no rentable. Mantener a un modelo de negocio *perro*, conlleva continua inversión, sin que este produzca ningún beneficio financiero. Quizás sea un *hobby* o una practica que te guste desarrollar, pero siempre será un costo mantenerlo[20].

En conclusión, el perro es aquel negocio que te encanta desarrollar, pero no te genera ingresos, te come tu tiempo y te causa gastos de mantenimiento.

La vaca es aquel negocio, que quizás no es todavía lo que amas o tu sueño de empresa, pero produce beneficios e ingresos continuamente.

138

Recuerda: Agregando pasión a todo lo que haces y a tu negocio estarás un paso más cerca de sentirte satisfecha y feliz con lo que haces.

Ambos modelos de negocios tienen el mismo trabajo, inversión y responsabilidad. **A veces podemos transformar aquel perro en una vaca lechera**, pero cuando no logramos esta transformación tenemos que ser conscientes y tomar decisiones. Meditando, si debemos mantener ese modelo de negocio llamado perro el cual está causando gastos, inversión y nada de ingresos.

Que quede claro, soy amante de los animales y los perros son mi debilidad, obviamente que cuando Silvia me recordó esta filosofía financiera me resultó un poco

---

20. http://www.matrizbcg.com/

chocante nuevamente, pero justamente esto mismo es lo que necesitamos para reevaluar la situación en la que nos encontramos. Comenzar a ver toda inversión en tu negocio desde un punto de vista totalmente diferente, focalizando tu mirada en los beneficios que tu negocio pueda generar, es más efectivo y menos arriesgado[21].

---

21. *http://enriquecido.com/que-es-el-dinero-y-para-que-sirve/*

140

MES: _____

FECHA	GASTOS	INGRESOS	COMIDA & COMPRAS	ALQUILER / HIPOTECA	TRANSPORTE	SHOPPING / ROPAS	SEGUROS	OTROS
		€	€	€	€	€	€	€
		€	€	€	€	€	€	€
		€	€	€	€	€	€	€
		€	€	€	€	€	€	€
		€	€	€	€	€	€	€
		€	€	€	€	€	€	€
		€	€	€	€	€	€	€
		€	€	€	€	€	€	€
		€	€	€	€	€	€	€
		€	€	€	€	€	€	€
		€	€	€	€	€	€	€
		€	€	€	€	€	€	€
		€	€	€	€	€	€	€
		€	€	€	€	€	€	€

TOTAL DE INGRESOS €
TOTAL DE GASTOS €
- \ +

¿CÓMO LO HICE?

Mi primera motivación en los negocios fue el dinero, me gustaba mucho la sensación de realización propia al generar dinero con mi trabajo. Solo pensaba en invertir y adquirir cada vez algo más. Mi gestor financiero era el señor Donkerslot. Su nombre ya lo dice todo: «cerradura oscura». Un holandés de muy buen habla, bastante académico y experto en finanzas que me apoyaba en este camino de los negocios y me aconsejaba bastante bien. Con él realicé la expansión de mis primeras tiendas, la primera compra inmobiliaria como inversión, junto a otras cosas. Hasta el día en el que decidió robarme la cantidad de 500.000 €, no solo supo timarme a mí, sino a unas 20 personas más, que él asesoraba como administrador financiero.

Cuando esto sucedió yo no lo podía creer, pensé que era una broma de mal gusto y que las cosas cambiarían en algún momento, hasta que el banco comenzó a exigir dinero tanto como explicaciones a la situación. Yo me sentía tan avergonzada de lo sucedido que no le conté a nadie, en los siguientes 2 años de mi vida nadie supo que esta persona me había engañado ciegamente, solo ocupaba mi tiempo en busca de soluciones a la situación. Me avergonzaba el hecho de haber sido tan ingenua, de haberle confiado a esta figura administradora el 100% de mis finanzas de tal forma que pudiera llevarse medio millón de euros como si nada.

Hablé con diferentes abogados y todos me aconsejaban que me declarara en bancarrota. Mi empresa era yo y por tanto, para mí, era inaceptable aceptar o solicitar la quiebra. Tenía mucho más que perder y eso parecía no interesarle a ningún abogado. Fui muy testaruda, y gracias a mi cabezonería, nunca acepté la opción de quiebra como un camino resolutivo a la situación que vivía. Sinceramente, no me arrepiento de ello, fueron grandes lecciones de finanzas y de vida. Tardé 3 años en solucionar ese fiasco financiero y más de 2 años en reestablecerme y capitalizar nuevamente. Perdí algunas inversiones en bienes raíces, también cerré alguna filial y perdí alguna que otra cosa. En fin… Mi lección fue clara y costosa ¿de qué sirve trabajar tanto, esforzarte por hacer y generar cada vez más dinero si cualquier persona con malas intenciones puede venir y llevárselo?

¡¡¡No…!!! Esa no fue mi lección… aunque sí lo pensé por un tiempo. ¿Qué piensas que fueron las lecciones de esta aventura? ¿Qué decisiones hubieras tomado tú en mi situación?

He aquí lo que aprendí de esta experiencia y cómo lo solucioné: si tu empresa o negocio tiene más de 2 años de existencia y tienes ingresos sólidos y estables, es mejor que tu negocio esté dentro de una sociedad oficial y que no estés de autónoma privada. Porque cuando sucede algún disparate financiero, como me sucedió a mí, y realmente necesites cerrar la empresa porque gracias a ese disparate estés en números rojos, será entonces solamente la sociedad la que pare con las actividades cerrando, o declarándose en quiebra. Y no tú, como persona privada fiscal, evitando pérdidas privadas como la casa donde vives, coches y otros. En mi caso, yo manejé por años una identidad personal privada fiscal causando que pudiera perderlo todo si hubiese escogido por la bancarrota de mi negocio en aquel momento.

Hay muchos tipos de sociedades: anónimas, limitadas, simples, etc., las condiciones dependen del país donde te encuentres y la normativa en ese momento. Es importante estudiar qué le conviene a tu empresa. Normalmente eres responsable, como persona física, los primeros 3 años de tu empresa, luego de ese tiempo es la empresa la que corre riesgos, a menos que haya, claramente, una mala gestión administrativa a propósito.

Si te encuentras en una situación como la mía, de aquel entonces, o tienes múltiples deudas, o te has quedado atrás con el alquiler porque has perdido tu trabajo, o simplemente has administrado mal tus ingresos acumulado una cierta cantidad de deudas... lo mejor es estudiar cuál es el importe total que debes reembolsar a los acreedores y proponer una suma real que puedas pagar y así finiquitar aquella deuda. Esto se hace a través de una carta oficial, escribes una carta certificada o un correo electrónico, hoy en día el *e-mail* es aceptado como un medio oficial de comunicación, y en esta carta explicas tu situación financiera ofreciendo un pago final para finiquitar la deuda. Esto lo puedes hacer desde cifras bajas, como 2000 €, hasta cantidades más altas como la mía.

143

Supongamos que tienes una deuda telefónica que ha subido a 2000 €, incluyendo costes e intereses. Preparas el correo electrónico explicando, por ejemplo, que tu situación laboral es desfavorable lo cual te ha llevado a no poder responsabilizarte de tus cuotas mensuales como estaba acordado, pero a pesar de esta situación, te gustaría encontrar una forma de finiquitar la deuda producida, y ofreces tu solución real:

I. Pagar de una vez 500 € y con esto saldar el resto de la deuda. En ocasiones aceptan esta primera propuesta, sobre todo cuando ha pasado ya mucho tiempo, porque prefieren tener algo en mano que seguir generando costos administrativos persiguiendo a un particular.

II.   O simplemente, comentas en tu correo que solamente puedes pagar 5o € mensuales, hasta finiquitar la deuda.

En ambos casos, las grandes empresas intentarán negociar contigo, puede que no acepten 5oo €, puede que te hagan una contraoferta de 15oo €, teniendo la opción nuevamente de ofrecer otra cifra que sea viable para ti, llegando a un acuerdo válido para ambos. Lo mismo para la opción II, si no aceptan 5o €, puede que acepten 8o €. La idea aquí es negociar hasta poder llegar a un convenio legítimo. Es importante que comuniques claramente que al pagar estas cantidades a la entidad en cuestión quedas libre de toda deuda y que, por tanto, no pueden reclamar nada más, llegando así a un acuerdo oficial por escrito. Las grandes empresas tienen 5 años para cobrar cualquier tipo de factura o deuda a los particulares deudores, lo que significa que si tu acuerdo no es claro y no cumple las normativas de un acuerdo oficial, ellos fácilmente, después de un año, tendrán el derecho a cobrar nuevamente la misma factura o deuda nuevamente. Por tanto, necesitas demostrar que aquel acuerdo fue oficial, por escrito y firmado o sellado por ambos partidos.

En mi caso, yo compré mi deuda de medio millón de euros por 75.000 € al banco, más otros 25.000 € que invertí en abogados en un periodo de 3 años, solucionando mi problema financiero por la cantidad de 100.000 € en total.

En conflictos de altas sumas de dinero aconsejo tener un mensajero, un intermediario al que yo llamo abogado, este mantiene la correspondencia con las entidades necesarias y es un tipo de guía en la negociación. Cuando yo comencé la negociación con mi banco para negociar una solución a esta deuda, el banco exigía la suma completa, no presentaba ninguna opción para algún tipo de negociación. Comencé ofreciendo 25.000 €, lo que lógicamente no fue aceptado. De esa manera fuimos negociando nuestro camino hasta llegar a la cantidad de 75.000 €, la cual tenía que ser transferida al banco dentro de un plazo de dos semanas.

Los plazos de pago pueden ser también una herramienta de negociación, al decir que: «si acepta mi oferta puedo gestionar la presunta atribución financiera en las próximas 24 horas», hay que tener en mente que el límite oficial para responder a una correspondencia es de 2 semanas. Es importante tener esto presente, te puede ayudar en caso de que necesites más tiempo para gestionar tus finanzas.

Volviendo a mi historia, el señor Donkerslot fue, finalmente, detenido por la policía holandesa y condenado a 4 años de prisión, de los cuales estaría, seguramente, 1 o con suerte 2 años detenido. Menos tiempo del tiempo que me costó a mí llegar a un acuerdo con el banco. Qué hipocresía, ¿no?

Hoy puedo hablar de esto ahora sin aquella vergüenza, pero en aquel momento darle un sitio a esta experiencia y a lo sucedido fue todo un proceso. Nunca supe si el señor Donkerslot tuvo que devolver algún dinero, sí sé que timó a mucha gente y que, seguramente, ya no vivirá en Holanda. Nombro claramente su nombre en este libro para evitar que a otros les suceda lo mismo que a mí.

Se podría decir que la experiencia con este caballero fue de diferentes aprendizajes: una de ellas fue que «el dinero lo hago yo y no que el dinero me hace a mí». En otras palabras, soy la misma persona con o sin dinero, ¡pero elijo ser la misma persona, con bolsillos llenos! 😊

Emocionalmente y laboralmente fue una etapa dura, creo que fue mi primer golpe de pérdidas en el mundo de los negocios, me avergonzaba mucho por lo sucedido, más que nada, que algo así no lo hubiese visto venir... Mi ego estaba en un gran dilema. Solía preocuparme de trabajar, invertir, seguir y repetir. Después de esta experiencia comencé a hacer las cosas de diferente manera. Cada empresa tenía su sociedad como persona fiscal, conseguí un nuevo gestor de finanzas, pero ya no di más el control de ellas y quizás aprendí a ser menos arrebatada y más controlada en el momento de tomar decisiones. En muchas ocasiones nos suceden cosas porque no pensamos a largo plazo, nuestra visión es corta o sencillamente pensamos que a nosotras no nos sucederá. Un pensamiento a evaluar, como dice mi madre: «más vale prevenir, que curar».

146

Es por esto es que los grandes líderes en el mundo empresarial aconsejan pensar en todas las opciones negativas que pueden sucederle a tu negocio, luego encontrarle soluciones o modificar el modelo de tu negocio para evitar que algo así pueda suceder. En mi caso, si mi modelo de negocio en aquellos entonces hubiese estado aparcado en una sociedad, la pérdida de ese medio millón no hubiese afectado mi vida privada, ni tampoco hubiese tenido el efecto de pérdidas materiales que tuvo en su momento. Lo curioso es que el señor Donkerslot me aconsejó varias veces cambiar la identidad de la empresa yo no quise escuchar...

Ya no me duele el corazón al hablar de este tema, tampoco siento sentimientos de ira o desilusión, me doy cuenta de que fue una situación que yo podría haber evitado completamente. La falta de madurez empresarial fue, en esta historia, determinante. A mis 28 años mi primera lección fue bastante dura, pero como comenté antes: «¡El dinero se hace!»

«I'm every women...»

#MonalisaSmile

V. NEW YORK, PARIS, ROMA, DUBAI & LONDON.

Fantástico es, que las féminas independientemente de la ciudad donde estemos nos hemos acostumbrado a movernos en el trafico loco de las grandes ciudades, estamos constantemente rodeadas de gente, somos continuamente resolutivas, practicando el multitasking además de rápidas en todo el movimiento que conllevan las grandes ciudades. A pesar de esta flexibilidad y agilidades admiramos aquellas antepasadas guerreras luchadoras que marcaron los primeros cimientos para la fémina de hoy la cual también está hecha de materia especial... Nuestro desarrollo actual y avance se despliega en diferentes ámbitos al mismo tiempo, la belleza, la sexualidad, el cuidado, el desarrollo personal, desarrollo académico, desarrollo laboral, espiritual y la salud.

#FÉMINAS

Una fémina líder se rige bajo sus propias reglas y condiciones, toma decisiones propias sobre lo que necesite en su vida, una fémina apoya la igualdad de condiciones laborales y sociales, al igual que los mismos derechos entre ambos sexos. Una fémina no necesita de una pareja para sentirse realizada o feliz, pero goza cuando hay una relación estable de pareja que pueda comprenderla, acompañándola en la realización de sus metas y sueños. No tiene miedo de estar sola y conoce sus prioridades, está en continuo desarrollo. Ama cuidarse, mimarse y quererse a sí misma, acepta su realidad y la que crea. Les encanta la belleza ya sea en la naturaleza, en la inocencia, en el arte o en la moda. Ve a su pareja como un compañero, un socio de vida complementándose a una felicidad en conjunto, que las deja brillar por lo que ellas mismas son, sin limitarles.

Conocemos muchos tipos de féminas, las urbanas, las cosmopolitas, las académicas, las familiares, las feministas extremas, las deportistas, las superexitosas, las ultra femeninas, las internacionales y muchas otras más. La mayoría tienen en común que son resueltas, resolutivas, organizadoras, no son conformistas, se cuidan físicamente e interiormente, son aventureras, inteligentes, independientes emocionalmente al igual que económicamente, suelen ser cariñosas y familiares.

LAS URBANAS.

Normalmente féminas jóvenes, interesadas en desarrollar una carrera creativa, son modernas, accesibles, la libertad se encuentra en el número 1 de su lista de prioridades personales, se caracterizan por ser muy sociables y de mentalidad abierta.

LAS COSMOPOLITAS.

La palabra cosmopolita es de origen griego y significa: cosmos y mundo, expresando así ser un ciudadano del mundo. Una fémina cosmopolita es justamente eso, ha soltado la identidad de una nacionalidad y se ha convertido en una ciudadana del mundo entero. Aprendió a desenvolverse en cualquier ciudad donde se encuentre, normalmente habla más de 2 idiomas, no se identifica por su edad, nacionalidad o profesión. Se caracteriza por su sofisticación sin llegar a ser superficial, es atrevida y tiene muy claro el lifestyle que quiere vivir.

155

LAS ACADÉMICAS.

Féminas extremadamente cultas y sabias, que lo son tanto por haber leído muchos libros como por haberla adquirido por la vida en sí. Féminas que toman como un reto personal estar lo mejor posible preparadas académicamente. Suelen administrar su tiempo en base al amor por la lectura, el estudio y la información, sabiendo que: «el saber es poder».

LAS FAMILIARES.

Mejor conocidas como «la dueña de casa». En mi opinión la palabra ya lo dice: son amas y señoras de sus hogares. Estas féminas prefieren lo tradicional, practican la organización, manejan el multitasking bastante bien, son muy resolutivas, gestionan y administran las finanzas del hogar. En resumen: todo lo que conlleva mantener un hogar saludable.

LAS FEMINISTAS EXTREMAS.

A veces pareciera que estas féminas desprecian a los hombres sin motivo aparente. O, quizás, debido a la opresión a la mujer por tantos años, sientan la necesidad de fomentar un feminismo extremo donde la feminidad de otra fémina es hasta mal vista por ellas, imitando al hombre alfa y liberándose de todo pudor. Para mí el feminismo no es tan solo defender los derechos laborales y sociales de la mujer, es también el respeto hacia nosotras mismas tanto como hacia otras féminas y hacia los hombres. Desde mi punto de vista, el respeto entre ambos géneros es la base de toda convivencia social. No se trata de desvalorizar, maltratar o de castigar al hombre, sino de justamente, valorizar el género masculino por sus habilidades y aprender a mantener un equilibrio saludable entre ambos géneros fortaleciendo las igualdades educativas, sociales y laborales tanto como las diferencias de género, siempre reforzando todo lo positivo de ambas.

LAS DEPORTISTAS.

Esta fémina poderosa se caracteriza por su estilo de vida, son muy perseverantes, saben motivarse, se adaptan a cambios rápidamente y son seguras de ellas mismas. El deporte es una forma de liberación la cual necesitan sentir diariamente, les aporta claridad en sus pensamientos al igual mucha creatividad.

LAS SUPEREXITOSAS.

Estas féminas brillan por sus logros, son muy organizadas, tienen claro las metas a lograr, confían en sí mismas y son seguras. Mantienen relaciones sociales sólidas y de larga duración. Tienen una alta aceptación propia, pero aman, igualmente, cuidarse física y mentalmente. Administran sus finanzas favorablemente, están en continuo desarrollo, se forman académicamente y se preparan para lograr objetivos. Tienen pasión por lo que hacen, sueñan en grande y motivan a los de su círculo. Están orgullosas de sus logros y normalmente disfrutan destacando y promoviendo sus éxitos.

LAS ULTRAFEMENINAS.

Muchas veces son denominadas como féminas bellas y sensuales, pero sin ninguna capacidad intelectual. De allí los prejuicios como: ¡«Guapa, pero seguro que tonta!» O, «¡Seguro que es rubia!» Pero, muy lejos de la realidad, estas féminas gozan de astucia y de una inteligencia saludable, la cual han desarrollado para sobrevivir en un mundo donde son vistas por los hombres como presas, y menos aceptadas por las de su mismo género. Son mimosas, muy femeninas y delicadas, atractivas físicamente, visten acentuando sus dones físicos y destacan su cuidado personal llevando el cabello, las uñas y la piel muy cuidados. Muchas veces desarrollan una carrera profesional interesante, pero pareciera que nadie aprecia su logro laboral o profesional más que su apariencia física siendo además, es juzgada por ella. Muchas las odian por su belleza, su feminidad y personalidad. Compañera, si sientes celos o tus inseguridades afloran al ver una fémina de estas, no olvides que estas ultrafemeninas están siendo un espejo para ti, observa tu interior; ella es un espejo de tus cualidades y carencias, allí donde más te molesta es donde debes trabajar en tu persona.

LAS MULTIMUJERES.

Estas féminas se merecen un premio internacional como las su-perféminas del año. Tienen una familia, saben ser esposas, ma-dres y amigas a la vez. La familia está en el primer lugar de sus valores. Son profesionales y muchas veces tienen un negocio propio, siempre están en continuo desarrollo, son académicas, pero les gusta resaltar su lado femenino y les encanta la tecno-logía, usándola siempre a su favor. Conocen muy bien sus valo-res y prioridades, mantienen un alto respeto por sí misma, son arriesgadas, ágiles y seguras. Son expertas administrando su tiempo, delegando tareas y son fiel a sus principios de vida. Son agradecidas, sociales y accesibles, aman cuidarse físicamente al igual que mental y espiritualmente. Es aquella fémina que cuando la observamos, nos preguntamos: ¿Cómo lo hace?

LAS INTERNACIONALES.

Una fémina que suele ser multimujer muchas veces también es multicultural. Son féminas que conocen diferentes culturas, saben relacionarse con el mundo de una manera abierta y sin juzgar. Son extremadamente flexibles socialmente, al igual que en su vida privada. Hoy pueden estar en Perú, mañana en Los Ángeles y 2 días después en Francia sin tener un sentido de confusión cultural o social. Saben desenvolverse en todos los lugares, normalmente hablan más de una lengua, no tienen prejuicios sobre otras féminas, son generosas, apoyan y ayudan a las de su género, son mujeres fuertes, pero relucen su feminidad, no se desgastan en el victimismo, se relacionan internacionalmente, tienen una mentalidad abierta, flexible y son totalmente responsables de su persona, actos y decisiones. Normalmente son mujeres que son dueñas de sus negocios o presidentes de grandes empresas, suelen apreciar el arte y las cosas bellas, son excelentes administradoras de sus finanzas, organizan el futuro y tienen opinión y conocimientos sobre la política y la economía global. El dinero en sí no es un obstáculo o recompensa, sino que es un plus que se genera cuando hacen lo mejor que saben hacer, ser ellas mismas. En otras palabras: ¡no le temen al dinero o las finanzas! Invierten en su persona tanto como en su economía personal. Otra de las cosas que caracteriza a las mujeres internacionales es el hecho de que no se consideran de alguna nación específica o nacionalidad, tampoco se definen por su oficio o la familia de donde proceden. Se definen, más que nada, por ser mujeres globales, , defensoras de los derechos humanos con un alto conocimiento sobre los negocios y leyes internacionales. Mujeres del mundo que apoyan un bienestar social común, para todas las de su género, independientemente del país de donde vengan.

Definición del término; «ser internacional»; *Más que una mentalidad o ideología, es un término para un principio político con un enfoque global sobre la economía y la política entre las naciones y sus pueblos. Las raíces de esta forma de experimentar el mundo se remontan al socialismo y el liberalismo. Los internacionalistas, como se les llama, partidarios del principal, creen en la gente del mundo que se une como un colectivo más allá de las fronteras raciales, de clase, nacionales, políticas y culturales con el fin de crear progreso en sus intereses comunes. Creen que los gobiernos harían mejor en cooperar entre sí, por intereses mutuos, a largo plazo, como los derechos humanos, la pobreza, el hambre y la educación, estos son más importantes que cualquier conflicto a corto plazo.*

«¡Reemplaza la competición
por la
colaboración!»

#MissAllende

EJEMPLOS DE MUJERES FAMOSAS E INTERNACIONALES.

Martha Debayle,
fundadora de Media Marketing Knowledge Group.

Gina Diez Barroso,
CEO del grupo Diarq.

Tory Burch,
fundadora de la marca de moda Tory.

Hanna Surta,
Cartier ambassador.

Mónica Flores,
presidente Manpower para América Latina.

Gabriela Hernández,
General counsel para GE en América Latina.

👀 ¡Ojo! A muchas de las féminas más fuertes, seguras, e independientes se nos hace difícil comprometernos con una pareja. No con el trabajo o la familia, pero sí con nuestro compañero de vida, ya que cualquiera no cumple con las condiciones como pareja ideal o socio de vida. A veces preferimos tener un romance a conformarnos con aquel príncipe azul. Nuestra lucha por aquella independencia a veces nos sabe jugar una mala pasada enamorándonos de un hombre muy complaciente o de uno que es todo lo contrario, aquel hombre demasiado domínate, justo aquel ejemplar alfa que nos llevó a crear esa fuerte razón de independencia femenina. Como para estas féminas tener una pareja estable no es una de sus prioridades, consume la mayoría de su tiempo en lo laboral, en lo académico, en el desarrollo personal y en lo social. Por lo cual, suele establecerse mucho más tarde con una pareja.

176

Mi caso es algo bastante similar, me tocó besar algunas ranas, unas más complacientes que otras, pero cuando reflexiono sobre este tema me pregunto si fueron complacientes por la sencilla razón de que mi prioridad siempre fue mi carrera y no la relación y, por tanto, ellos estaban en modo conquista la mayor parte del tiempo o porque realmente eran complacientes. Su punto de atención era yo, y el mío mi carrera. Después de estas experiencias, y de una que otra rana, me llevó su tiempo descubrir que la relación no era mi prioridad, y que inconscientemente escogía a personas totalmente inaccesibles, esto me permitía concentrarme en mi camino laboral sin culpabilidad. Una relación con un macho totalmente alfa, cero complaciente, cero acuerdos y, además, bastante egocéntrico… ¡Fue un reto total! Encontrar un equilibrio con un compañero así es casi imposible y, como mujer, tienes que estar bastante segura en tus tacones, ya que un hombre de este perfil tiende a querer amansarte como a un caballo rebelde. A pesar de esto convivimos bastantes años en los que a veces era más un campo de guerra que un campo de amor o pasión, pues me sentía en una lucha constante, hasta el momento en que tomé conciencia y responsabilidad sobre la situación, observé lo que por tanto tiempo estuve haciendo y tomé el toro por los cuernos, como se suele decir. Cuando hay amor las personas suelen adaptarse y hacer cambios para no perder a quien aman. No me avergüenza compartir estas experiencias a pesar de lo atrevidas que puedan sonar, porque justamente estas me han enriquecido. Hoy por hoy me gustaría compartir con un compañero, un socio de vida que esté seguro de su lugar en la relación y que pueda complementarme en esta nueva fase experimental de la vida.

Una forma de practicar nuestra seguridad interna y poder gestionar lo que queremos en nuestra vida sin tener que depender de nadie, es tener nuestros propios ingresos y para ello necesitamos aprender a invertir y administrar nuestro dinero para así llegar a un futuro totalmente independiente. A través de esta enseñanza que mi padre me inculco desde niña, fue como en realidad llegue a desarrollar el proyecto woman 2 women business. Aquí las mujeres que ya han conseguido el éxito profesional y sus finanzas son envidiables prestan oportunidades de invertir en negocios, los cuales, a largo plazo generen beneficios al igual que esa seguridad externa que muchas buscamos, aquí enseñamos, el cómo lo puedes hacerlo tú. Básicamente es aprender a invertir en proyectos inmobiliarios de bajo riesgo y colectivamente, donde con ayuda de estas maestras generamos ingresos fiables y seguros a través del tiempo.

«Puertas viejas
no abrirán
nuevas oportunidades…»

#WomenQuote

VI. DE BUENOS AIRES A PARÍS.

Los países latinoamericanos son hermosos y coloridos, al igual que sus diferentes ciudadanos. Curioso es que la fémina de estos países suele ya ser una guerrera por naturaleza, la familia está en el primer lugar y el resto rápidamente se olvida, no sabemos si es por cultura o supervivencia, a diferencia de las féminas europeas, las cuales comienzan mucho antes a prepararse académicamente, concluyendo con una carrera a temprana edad y priorizando el camino laboral. La familia suele venir después de la carrera y por eso muchas a la edad de 30 o más están todavía completamente focalizadas en sus carreras con poco tiempo para relaciones estables.

#DE FÉMINA A SUPERFÉMINA

La transformación de fémina a superfémina muchas veces suele comenzar cuando la persona sale de una zona de confort[22] y se traslada a otra, es decir, cuando salimos de nuestras ciudades para vivir en otras o cuando nos mudamos a otro país y comenzamos una vida totalmente nueva. Estos cambios producen un aceleramiento extremado en nuestro desarrollo y diferentes cambios de mentalidad en las personas. Aprendemos rápidamente las diferencias sociales, culturales y otras del nuevo lugar donde nos encontramos, esta adaptación es necesaria para comprender y sobrevivir fácilmente a las normas del nuevo ámbito donde nos encontramos. Al igual que aprender una segunda lengua, esto es una transformación neurológica que nos permite entender diferentes formas de comunicación para ser entendidos y entender a otros. Desde mi experiencia, aquel que vive con solo un idioma, no vive, sobrevive en una cárcel, aislado. Tengo que agregar que estas no son mis palabras, solo las comparto. El dueño de esta cita es el filosofo, autor, director de cine y filántropo Chileno: Alejandro Jodorowsky, quien comenta con pasión en sus documentales el valor de la comunicación.

_____

22. La zona de confort es ese lugar mental en el que estamos a gusto con todo, y no pensamos en cambiar nada de nuestras vidas, pero estar a gusto con todo, no necesariamente es bueno... Es decir, que en vez de salirnos de nuestra zona de confort, lo que hacemos es expandirla.

Espero que mis amigas, aquellas que solo manejan un idioma no se ofendan por este decir, sino que espero que las anime a querer y a esforzarse por aprender algún otro idioma, el cual les abrirá las puertas a otros mundos de información y posibilidades.

El hablar más de un idioma te permite aprender y expandirte, permitiéndote de una manera más directa, aprender diferencias culturales, costumbres sociales y tradiciones, sin olvidar que te permitirá entender y negociar internacionalmente.

El cerebro humano tiene la capacidad de aprender diversos idiomas, hemos de exponernos, aprender y ejercitar otras lenguas para expandir nuestro conocimiento, comunicarnos mejor y lograr nuestras metas de una manera más rápida y efectiva. El hablar más de un idioma es parte de una transformación en la que comenzamos a experimentar y a entender las diferentes formas, culturas, eventos sociales a las que nos enfrentamos. Cuando el conocimiento nos trae conciencia, ya sea social, espiritual o ambas, del lugar donde nos encontramos, ya sabremos que avanzamos por buen camino.

«*Quien vive con solo un idioma, no vive, sobrevive en una cárcel, ¡aislado!*»

#AlejandroJodorowsky

LA TRANSFORMACIÓN.

La transformación de fémina a superfémina no es complicada, es una cuestión de liderazgo mental y de un proceso. No olvidemos que está en nuestro ADN ser creadoras y guerreras, solo necesitas aprender a enfocar desde un nuevo ángulo tu vida y observar los cambios que necesitas aplicar. Asimismo, necesitas paciencia y saber evaluar en qué nivel te encuentras ahora mismo, conocer qué tipo de fémina eres y comenzar a trabajar en la dirección deseada. Es como viajar por el mundo: de cada nueva ciudad que visitas vas aprendiendo algo diferente, cuanto más diferente sea ese país al tuyo, más aprenderás. Esto pasa porque automáticamente vas evaluando las diferencias culturales o sociales siendo lo más lógico adaptarte a estas. En consecuencia, aquellas diferencias irán haciendo de ti una fémina sociable, tolerante, resiliente y sabia.

Ser una superfémina no es solo saber vestir, lucir, representar, es conocer tus valores y que actúes en base a estos, es tener integridad y ser coherente. Estos nuevos valores, al igual que las nuevas habilidades, deben ser ejercitadas, controladas y observadas por nosotras mismas. De hecho, necesitamos desarrollar «la observadora» dentro de nosotras, y que esta sea honesta al observarnos.

La observadora o el observador en la psicología, según William James, quien definió una diferencia entre el «YO» como observador y el «MI» como objeto de experiencia, se desarrolló en el siglo XIX. Desde entonces surgieron muchas teorías sobre el tema, que definen la observación del mundo tanto interior como el exterior. Sigmund Freud, otro neurólogo, incluyó su teoría agregando que, el YO real, es como soy, el Yo ideal, es como me gustaría ser. Siendo el Yo ideal el que define cómo realmente debería ser.

En otras palabras, dentro de nosotras existe un Yo interno que nos habla, es un observador que nos juzga o nos premia según el criterio que tengamos de nosotras mismas. ¿Has observado a tu yo interno?

DE FÉMINA A SUPERFÉMINA.

✓ Evaluar en qué nivel estás utilizando la rueda de vida.
✓ Evaluar en qué nivel estás utilizando la rueda laboral
✓ Escoger qué campos quieres mejorar o desarrollar.
✓ Elaborar un plan de acción, con fecha.
✓ Ejecutar.
✓ Evaluar resultados, después de 3 y 6 meses.

LIBÉRATE.

- ✓ Soltar nacionalidades.
- ✓ Soltar edad.
- ✓ Soltar oficios (no eres dentista, solo ejerces ese oficio).
- ✓ Suelta los prejuicios.
- ✓ Aprende otros idiomas.
- ✓ Viaja, si puedes, a otros países.
- ✓ Aprende diferentes culturas.
- ✓ No eres de derecha o izquierda, lo eres todo.
- ✓ No eres un estilo, los eres todos.
- ✓ No seas conformista.
- ✓ Sé fiel a las de tu género.
- ✓ Colabora con las de tu género.
- ✓ Piensa global.
- ✓ Aprende a cuidar.
- ✓ Aprende a respetar.
- ✓ Ten consideración.
- ✓ Conoce tus valores.

Hay un refrán neoyorquino que me gusta mucho porque fomenta la hermandad entre féminas. Un ideal femenino que me gusta pensar que es realidad. Personalmente intento funcionar y actuar en base a este...

«Real Queens, fix each other's crown.»

«¡Verdaderas reinas suelen arreglarse las coronas mutuamente!»

#WomenQuotes

Es curioso, pero la mayoría de nosotras estamos en continuo desarrollo. Mi desarrollo se podría decir que se compone en vivir mis días en base a mis valores, los cuales han ido cambiando con el trascurso de los años. Me gusta relativizar mis cambios y mis aprendizajes, evaluando si voy por el camino que quiero seguir. Algunos días van geniales y otros menos, pero siempre intento ser lo más fiel posible a mi ser, aunque haya otras féminas en mis círculos que no comprenden, no aprueben o simplemente no les guste mi forma de vivir la vida, actuar, o mis decisiones, etc., lo cual es totalmente comprensible no afecta ya más mis decisiones . Siempre te encontrarás con féminas que apoyen tus formas y otras que no, el punto es intentar de ser fiel a ti misma aunque a veces se complique.

Antes solía frustrarme por ser mal entendida o que pensaran barbaridades de mi persona o que simplemente cotillearan en forma negativa de mí. Hacía lo imposible para arreglar la situación o intentar quedar bien, pero nunca resultaba, siempre terminaba peor. Comprendí y acepté lo que una clienta amiga me comentó un día: *«Lucía Hooge bomen vangen veel wind»*, solía decir. Explicando que los arboles más altos suelen atrapar más viento., asumiendo que nadie es perfecto, y yo menos, y que siempre habrá gente que no esté vibrando contigo o personas con las que no haya compatibilidad. ¡Y no pasa nada! Pues ayer volví a pensar en ello, compartiré la experiencia como ejemplo: Hace un tiempo atrás conocí a una chica simpática y muy social, aquí en Barcelona, las 2 éramos nuevas en la ciudad así que nació una alegre amistad rápidamente. Ella tenía una pareja con la que no era feliz, quería dejar esta relación y volver a una autonomía independiente nuevamente. Yo le ofrecí echarle una mano, la ayudé con su mudanza y le ofrecí mi casa por un tiempo, hasta que pudiera encontrar un nuevo lugar. Yo veía en ella una chica luchadora y trabajadora así que después de un tiempo apareció una oportunidad de emprender aquí en la ciudad y pensé: ¿por qué no lanzarme en esta nueva aventura laboral? Después de un tiempo le comenté mi proyecto laboral y le pareció interesante, asociándonos rápidamente. La inversión echa por ella fue del 25%, la mía del 75%.

191

A pesar de esto, repartíamos beneficios equitativamente, después de gastos, a un 50%. La idea era que ella en el futuro manejara este negocio. Bueno, hasta aquí todo bien, pero un día un cliente potencial nos comenta que el producto que ofrecíamos no era legítimo y que en realidad no existía. Yo, inmediatamente, me puse en contacto con Estados Unidos, donde se fabricaba el producto en cuestión, y también con el importador aquí en España, quien negó rotundamente lo expuesto. Desde América me contactaron con la empresa madre que los representa aquí en Europa y estos me comentaron que nuestro importador estaba siendo demandado. Lógicamente me puse en contacto con la policía quien aseguro que este importador era un estafador y que nosotras, junto a muchas otras personas, habíamos sido engañados. En fin, había que solucionar la situación y comencé por hacer demanda colectiva junto a otros. Inten-

té minimizar las pérdidas lo máximo posible, hasta que la policía intervino el producto. Perder dinero no hace ninguna gracia, pero lo asumo, es el riesgo de montar un negocio en un campo donde no tienes mucha experiencia.

En los países nórdicos es difícil que algo así suceda, simplemente por el control legal que se lleva sobre todo producto importado. Las mercancías que entran al país son profundamente revisadas, sobre todo si son para el consumo o para uso al público, pero aquí, en España, la cosa es diferente, existe una mentalidad de «ser el más vivo» y por ello hay muchos de estos casos a la orden del día.

Como comentaba, no fue la pérdida del dinero lo que más me sacudió, sino descubrir los pensamientos de mi «joven socia» al confirmar que ella aseguraba que yo pretendía abusar de su confianza al no devolverle el 25% que ella había invertido. Nunca asumió, para nada, que ambas habíamos sido afectadas, que ambas habíamos perdido el dinero invertido. Solo vio el mundo contra ella y que en ese mundo malvado yo también estaba en su contra. En lugar de unificar fuerzas en busca de soluciones, destruyó en ese mismo momento, una amistad y la sociedad laboral.

Pensé… A esta fémina, la he tenido en mi casa, le brindé una mano cuando estaba sola sin saber qué hacer, compartí una experiencia de negocio donde seguramente, si hubiese salido todo bien, yo nunca hubiese conocido sus verdaderos valores o intenciones. En esta aventura la pérdida financiera mayor fue asimilada por mí, siendo yo la primera interesada en querer recuperar algo de lo perdido. Así y todo, esta fémina piensa lo contrario de mí persona y de mis acciones. ¿Cómo es esto posible?, me pregunté. Recordando… **como es adentro, es afuera.**

Si tú eres una persona con valores básicos y vibras bajo pensarás y asumirás que los de tu alrededor son como tú, verás en los otros tú mismo reflejo de acciones e intenciones, por ello siempre estarás a la defensiva y muchas veces te encontrarás en conflictos. Yo veía en ella una fémina valiente y trabajadora, que es mi propia proyección siendo yo ambas cosas, y ella ve el mundo contra ella, lo cual es su propia proyección.

Una gran lección que suelo olvidar, encargándose la vida de recordármelo de vez en cuando... 😊

Independientemente de la ciudad en que vivas es básico rodearte y de encontrar tu tribu, tu gente o tu grupo, donde se compartan los mismos valores, como la mentalidad de colaboración, y que el nivel de desarrollo personal, tanto como el laboral, sea similar. Es decir, rodearte de féminas como tú, con las mismas fortalezas y valores, aprendiendo a no guardar rencores o despechos, *solo observar, aprender, soltar y seguir adelante*, todo esto es parte de la transformación. Como cuando de princesa te transformas en reina o como cuando eres parte de un grupo y te transformas en el líder de este, o cuando de una fémina casual te transformas en una superfémina internacional. Cuando entiendes que todas son experiencias que redirigen tu rumbo logrando observar, aprender, soltar y seguir adelante, *¡¡¡te encuentras en continua transformación!!!*

193

No pierdas el tiempo en venganzas, celos o malgastando palabras con nadie, utiliza tu energía y tiempo sabiamente, concéntrate en tu lista de metas, en tu plan de acción, en tu negocio, en soluciones de cosas importantes y en disfrutar la vida. Finalmente aprecia y fomenta la unidad social entre féminas y no la individualidad. Porque... #Juntas es mejor, como dice mi alegre Verónica Sosa: «Juntas es mejor».

«Siempre pa'lante, nunca pa'tras,
solo pa' tomar impulso,
¡¡¡un pie pa' tras!!!»

#AlexandraMateo

FOCUS ESPOCUS.

Como la misma magia, la focalización[23] aparece y desaparece. Muchos comentan la importancia de la focalización en nuestros objetivos diarios. El punto es que la focalización, o la concentración, no es continua por mucho que lo intentemos. La focalización se presenta en momentos concretos y por tiempos determinados.

En base a que la focalización no es continua, debemos realizar las tareas más importantes cuando tenemos mejor capacidad para focalizarnos. Es por esto que se suele trabajar por las mañanas, trabajamos más continuo, concentrados y efectivamente. La focalización es prácticamente un estado mental al que muchos llaman *flow*[24], este te permite enfocarte en una acción, manteniendo tu atención en ella por un tiempo concreto. Muchas de nosotras utilizamos aquella taza de café matutino para reforzar y ayudarnos a mantener ese foco de atención en las acciones necesarias.

Justamente por esto tenemos que tener presente cuáles son las horas del día en las que logramos tener más capa-

23. *Definición de focalización: dirigir el interés o los esfuerzos hacia un centro o foco.*

24. *Se trata de un vocablo inglés que puede traducirse al castellano como «fluir» o «flujo», aunque en determinados ámbitos se emplea directamente en su versión original.*

cidad de focalizarnos, trabajar y fluir en las tareas y objetivos más importantes, priorizando claramente los objetivos y proyectos a desarrollar.

Desde el punto de vista de la psicología, el estado *flow* es aquel que alcanza la persona cuando está totalmente focalizada y concentrada en una actividad, disfrutando de este estado donde sus pensamiento y acciones fluyen sin parar.

196

ACEPTACIÓN.

Con la aceptación logramos alcanzar diferentes objetivos, nos facilita las decisiones y nos ayuda a avanzar en la vida.

Una fase importante en la transformación es la aceptación, esta es necesaria para aceptar y darle un lugar a los temas que no puedes cambiar. Muchas veces la vida nos brinda retos que no esperamos y la capacidad de aceptar las consecuencias nos da lugar para avanzar. Esto no significa conformarse o que no te esfuerces para avanzar en tu vida laboral o privada. El secreto, de mucha de estas habilidades emocionales, es saber llevar un balance. Saber cuándo debes aceptar las condiciones del momento y cuándo ser resolutiva. La aceptación es parte del desarrollo personal y va de la mano con la toleración, ambas son necesarias para convivir en nuestra sociedad.

Aceptar la realidad que vives, aceptar las consecuencias de acontecimientos o de decisiones tomadas, es esencial para poder avanzar, no significa conformarte, implica buscar continuamente soluciones alternativas y creativas para alcanzar tus metas al igual que tus objetivos, focalizándote en nuevas oportunidades y soluciones.

«Lo que aceptas se transforma,
lo que resistes, ¡persiste!»

Como la aceptación es una de las bases de nuestro bienestar necesitamos tener una mente abierta, ser flexibles, comprensión de la realidad y estar dispuestas a un cambio. Cuando no aceptamos es muy probable que nuestro dolor se transforme en sufrimiento por esto es imprescindible aprender a ver y aceptar la realidad del momento que vives.

Buda cita: «*El dolor es inevitable, pero el sufrimiento es opcional*».

Podríamos decir que la aceptación describe más una actitud interna que externa, no es resignación ante la vida o las situaciones, es estar dispuesta a sentir nuestras emociones, aunque estas sean incómodas o dolorosas, dejando espacio para una sanación.

198

Ejemplo: Si soy una fémina adicta al trabajo y no lo acepto como tal, estaré continuamente disconforme por el poco tiempo libre que tengo, el estrés que sufro y porque no tengo tiempo para socializar, causando una continua queja sobre el tema. El aceptar mi desnivel laboral me permite entrar en acción y tomar medidas. Otra opción es, aceptar que soy adicta al trabajo y aceptar las consecuencias de este estilo de vida. Ambas opciones imponen una aceptación, el punto aquí es que seas consciente de ello.

¡La aceptación es sabiduría!

También hay momentos en los que no podemos hacer nada respecto a la situación que vivimos, y por más que nos esforcemos seremos incapaces de darle la vuelta a la situación para que nos favorezca. Por ejemplo: una enfermedad grave o la muerte de un ser querido. Estas son situaciones realmente dolorosas e incómodas en las cuales solemos estar totalmente indefensas. Podemos negar lo sucedido, pero siguen siendo sucesos reales y dolorosos, por tanto, necesitamos aprender a darle espacio a la aceptación.

Al no aceptar, nos estamos dejando guiar por las inseguridades y el miedo.

Cuando te es difícil la aceptación puedes comenzar con las siguientes preguntas:

- ✓ **¿Para qué** estoy viviendo o pasando por esta experiencia en lugar de por qué me sucede esto a mí?
- ✓ **¿Qué** es lo positivo de este suceso?
- ✓ **¿Cómo** puedo aportar algo positivo a la situación?

Además:

- ✓ Sal del rol de víctima.
- ✓ Trabaja tus miedos.
- ✓ Sé compasiva contigo misma.
- ✓ Siente y unifica tus emociones con tu cuerpo.

199

«Aceptar no es lo mismo que renunciar. La aceptación no tiene nada que ver con la indiferencia o la resignación pasiva, sino que, al contrario de esto, se trata de una cualidad activa: ser completamente consciente del mundo real y de lo que está ocurriendo tanto fuera como dentro de tu experiencia.»
@respiravida.net

¿CÓMO LO HIZO?

Mi abuela materna fue una mujer pionera para su tiempo. En el año 1942 mi abuelo, de solo 18 años fue detenido por tener supuestas ideologías políticas, las cuales no eran aceptadas y severamente castigadas en esos años. Mi abuelo fue recogido de su casa a media noche y trasladado a un centro de concentración en el desierto chileno, allí permaneció un par de años. En aquellos años se explotaban las minas del famoso Salitre, un mineral cuya función era fertilizar campos y tierras. Los prisioneros políticos eran transportados a estas minas para cumplir condena y se les obligaba a trabajar en las minas junto con los mineros de la zona.

Mi madre tan solo tenía 6 años cuando su padre, mi abuelo, fue detenido y arrestado por primera vez como preso político. Mi abuela, que era una mujer demasiado joven para ser madre de 4 hijos, de los cuales mi madre era la mayor, afrontó la situación decidiendo ir en busca de su marido. ¿Qué motiva una mujer a tomar una decisión tan drástica? ¿La falta de información? ¿No tener el apoyo de la familia? Es muy probable que, si en estos tiempos, ocurriera algo similar, no tomaríamos las decisiones que tomó mi abuela en aquel entonces, pero a pesar de estas decisiones mi abuela tuvo la gran capacidad de transformar su situación en lo más provechoso que pudo bajo esas circunstancias.

Después de averiguar en qué centro de concentración se encontraba mi abuelo, mi abuela preparó a sus hijas, se montó con ellas en la cima de un camión, que transportaba materiales y alimentos a este mismo centro de concentración, viajando por todo un día y toda una noche. Mi madre suele contar cómo recuerda ese viaje, un *shock*[25] emocional tremendo para una niña de tan solo 6 años. Recuerda el frío y el viento del desierto, y cómo se cobijaba junto a su hermanita 1 o 2 años menor que ella. Mi abuela viajaba embarazada y con un bebé de apenas unos 18 meses. Imagino que al llegar a ese lugar, algún comandante jefe de guardia se habrá compadecido de esta mujer que era prácticamente una niña perdida, la cual estaba en busca de la única familia que le quedaba, su joven marido.

Así, mi abuela se convirtió en la primera mujer en habitar un centro de concentración por voluntad propia, manteniendo y acompañando a su marido en condena política.

Para evitar problemas entre los prisioneros, los generales cedieron a mi abuela una habitación aislada para ella y sus hijas, y mi abuelo podía compartir con ellas cuando no estaba trabajando en la mina salitrera. Aquí todos los presos políticos estaban obligados a sacar el salitre de las minas, para luego este ser vendido a los países nórdicos, como Holanda, donde se utilizaba en el cultivo agrícola en esos años. Las condiciones de vida en este lugar eran precarias. La comida y el agua eran escasos, los prisioneros trabajaban horas continuas y la calidad de vida carecía de todo lo que conocemos hoy como un mínimo de confort o higiene. Todos los días se repartía comida preparada para todos los

---

25   *En psicología, el shock emocional es el resultado de un evento traumático que abruma a la facultad que tiene un individuo para hacer frente a las emociones que siente.*

detenidos, hasta que mi abuela se las ingenió para no recibir más comida preparada, sino el alimento en crudo. Es decir: una papa, una cebolla o frijoles, dependiendo de lo que tocara ese día. Ella comenzó a cocinar en el espacio que tenían, a su manera, y otros presos y mineros comenzaron a traerles, también, los alimentos que recibían en crudo, cocinando ella cacerolas de comida para un grupo de gente. Cuando mi abuelo fue liberado de este campo, mi abuela tenía prácticamente montado un comedor para los mineros de la zona, para sorpresa de muchos, el cual manejó por unos años más hasta que lograron regresas a la ciudad.

¿Qué hace que una mujer se transforme en una guerrera? ¿Es la supervivencia? ¿La lucha por su hijos y familia? ¿¿¿Quizás la necesidad???

Algo clave en esta transformación es que sin valor y coraje es difícil lograr cualquier meta y mucho menos comenzar una transformación. Muchas veces escuchamos historias que nos dejan asombradas por la capacidad del ser humano, siendo muchas veces los hombres que, a través de esas experiencias, se transforman en las personas que son hoy. Hoy Comparto esta historia en honor a mi abuela y a muchas otras mujeres guerreras que han sobrevivido a los retos y experiencias crueles que la vida les ha presentado. Mi abuela fue madre de 12 hijos, 4 de ellos fallecieron a muy temprana edad. Siendo mi madre es la mayor de estos 12 hijos, de los cuales, todos fueron o son dueños de sus propios negocios o trabajaban por cuenta propia. Concluyo que esta visión de emprendimiento fue heredada por parte de mi querida y recordada abuela.

Mi madre, a muy temprana edad, tomó las riendas de su vida. Después de una vida en el norte de Chile, tomó rumbo a la capital y comenzó una nueva vida, lejos del salitre,

203

de las temperaturas ardientes y de la tristeza del desierto chileno, para cambiarlo por una ciudad moderna, con nuevas oportunidades y llena de sueños. En esta nueva ciudad, junto al mar, comenzó su propia transformación a una mujer dueña de su negocio y de su vida, junto a mi padre, quien supo apoyar y aportar a sus decisiones.

Lo que me lleva a la siguiente conclusión: para transformarnos en guerreras o en superféminas necesitamos una fusión de experiencias de vida, pues estas son nuestras enseñanzas, valentía para afrontarlas, un alto grado de aceptación de las situaciones que vivimos, al igual que la creatividad para buscar soluciones continuamente a los cambios que vivimos además de alguien que sepa apoyarnos. Hoy en día a esto le llamamos resiliencia, la capacidad de aceptar las nuevas situaciones sin desalentarnos por los cambios. Mientras más rápido logramos asimilar los cambios, más rápido podemos focalizarnos en los nuevos avances.

Yo soy fan de encontrar y descubrir personas, concretamente mujeres las cuales, desde mi punto de vista, son ejemplares, estudio su forma de llevar la vida y como gestionan empresa, familia, lo social y así mismas. En la comunidad de #superféminas puedes encontrar aquellas féminas que para ti sean ejemplares, no importa la red que utilices en cada una de ellas encontraras nuestra comunidad esperando darte aquel comentario, ejemplo o de presentarte aquella mujer quien pueda ser tu modelo a seguir. Todas necesitamos de un modelo, cuando éramos niñas seguíamos el modelo de nuestras madres, hoy podemos elegir quien queremos ser.

«*LA MUJER*
que trasciende,
¡ejerce su propio
AUTOLIDERAZGO!»

#Mujerconproposito

ρ

VII. INTER-MINDSET.

Estamos en un mundo próspero, donde hemos alcanzado una total globalización dándonos acceso a todo lo que ha sido y será creado. No obstante, seguiremos creando nuevos sueños e ideas dependiendo de la creatividad de cada una de nosotras y de nuestra capacidad para convertir estos en materia. Un mundo próspero no se relaciona, necesariamente, con el dinero o los bienes que podamos adquirir; se extiende también a todos los parámetros de la vida que llevamos sin limitarnos a nada.

#TENERLO TODO

Como ya comentamos anteriormente en este libro... Soy hija, soy hermana, soy amiga, soy mujer, soy feminista, soy proveedora, soy internacional y me dedico, hoy en día, a la expansión de marcas y al diseño de moda, trabajando en colecciones dedicadas a la mujer independiente, autónoma y proveedora. Soy autora y me especializo en el desarrollo de estructuras de negocios e intento dirigir mis inversiones lo mejor posible. Me doy cuenta de que todas nosotras, todos los días, ejercemos diferentes roles: el de una esposa, el de una madre, el de una emprendedora, el de una abogada, el de una directiva, el de una tecnóloga, etc. Todas realizamos muchas actividades: administración, compras, cuidar de los nuestros, gestión de nuestro negocio, producción, socializar, etc. Y que todas intentamos diseñar nuestras vidas generalmente en base a lo que queremos. Muchas veces nos cuesta asimilar que, cuando llevamos una vida ocupada, llena de obligaciones, tareas y responsabilidades es, en realidad, lo que hemos escogido, consciente o inconscientemente.

Por eso, y desde mi punto de vista, es interesante evaluar la vida o la situación en la que te encuentras, evaluarnos nosotras mismas, nuestros valores y responsabilizarnos por nuestras decisiones.

Ejercicios como la «rueda de vida o la laboral» la cual también puedes aplicar a tu negocio o trabajo («Rueda laboral»), son ejercicios que te brindan conciencia sobre todos los roles y habilidades que administras. Junto a esto también descubrirás en qué nivel o fase te encuentras.

En esta rueda de liderazgo, que es la mía personal realizada en diciembre de 2013, los *smiles* de color amarillo muestran un 40-50% de satisfacción. En estas fechas mi madre emigró de regreso a Chile después de 37 años viviendo en Holanda, y yo me trasladé a vivir en España. Estos cambios de vida y toma de decisiones tuvieron un enorme impacto en mi estado emocional, tanto como en lo laboral. Mi estado emocional natural vibra normalmente bastante alto, entre un 70-80%, allí me siento cómoda. Cuando bajo a un 40-50% sé que tengo que tomar acción y encontrar dónde se encuentra el punto que está causando ese bajo estado, solo descubriendo esto puedes trabajar en ello para poder avanzar.

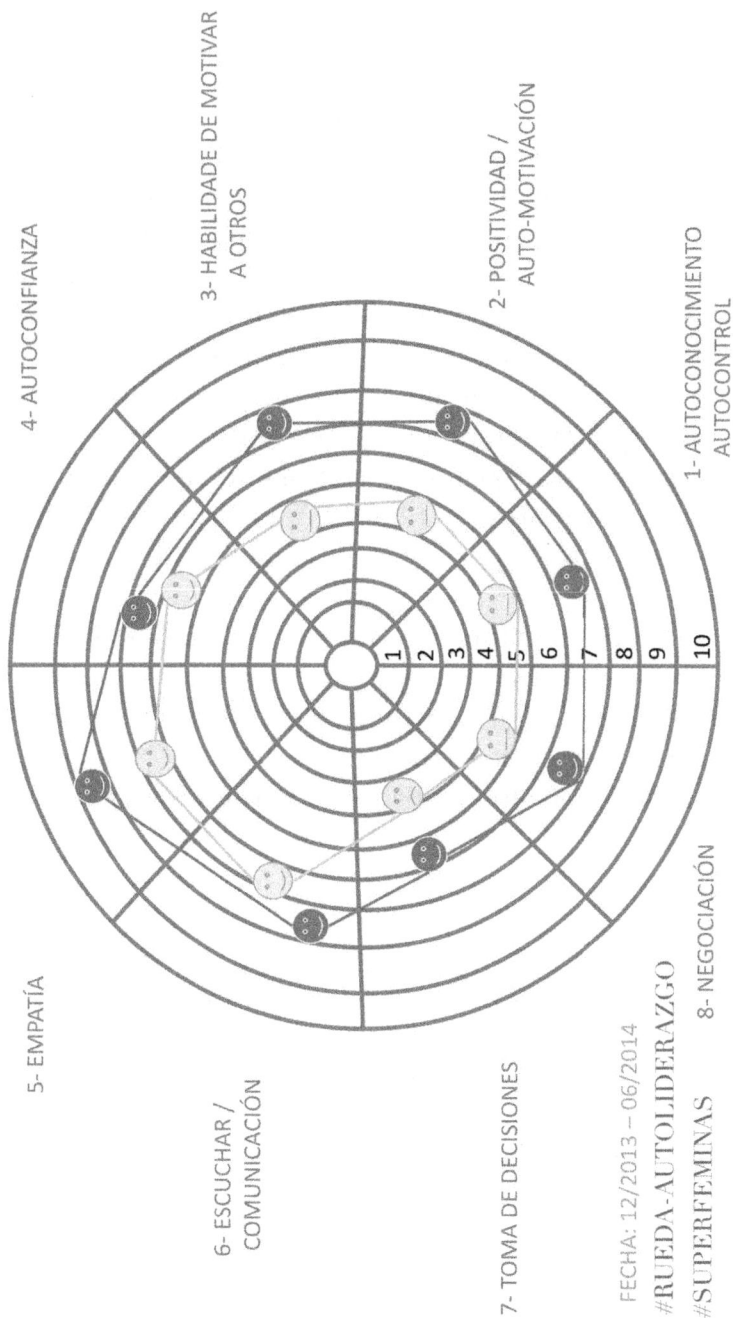

1- AUTOCONOCIMIENTO AUTOCONTROL

2- POSITIVIDAD / AUTO-MOTIVACIÓN

3- HABILIDADE DE MOTIVAR A OTROS

4- AUTOCONFIANZA

5- EMPATÍA

6- ESCUCHAR / COMUNICACIÓN

7- TOMA DE DECISIONES

8- NEGOCIACIÓN

FECHA: 12/2013 – 06/2014

#RUEDA-AUTOLIDERAZGO

#SUPERFÉMINAS

Cuando miras los sectores de mi rueda de vida/autoliderazgo, TOMA DE DECISIONES, MOTIVACIÓN Y MOTIVAR se encontraban bastante bajos. El no estar motivada tenía como efecto que la toma de decisiones estuviera baja. En otras palabras, no estaba dispuesta a tomar ninguna decisión, ya habían sido muchas y los resultados tanto como las consecuencias ya me estaban afectando. Luego, en junio de 2016 ya las cosas estaban cambiando, el porcentaje de rendimiento en todos los sectores fue más alto y quizás hasta más equilibrado. Subir los porcentajes de un 40% a un 70% no se logra tan solo con que el tiempo pase y te acostumbres a los cambios, hay que trabajarlos con un plan de acción teniendo presente tus valores y actuar según la dirección en la que quieras ir.

✓ Evaluación interna sobre la situación, ya sea con la rueda de la vida, autoliderazgo, o laboral.
✓ Tomar conciencia sobre el momento y los porcentajes de cada sector.
✓ Elegir por lo menos un sector a mejorar.
✓ Desarrollar y ejecutar un plan de acción.
✓ Volver a evaluar después de 3 a 6 meses.

Me gusta hacer este ejercicio porque puedo apreciar y evaluar qué cambia en mi vida, qué es lo que está flojo y qué es lo puedo hacer al respecto. Más adelante agrego hojas de ejercicios con «la rueda laboral» y «la rueda de liderazgo» en blanco, para que podáis hacer este ejercicio y tomar conciencia de todo lo que eres, de todas las cualidades que posees, en qué punto te encuentras y a dónde quieres ir. En la web: www.superfeminas.com tendrás a tu alcance estos ejercicios en formato pdf para ti, los cuales puedes descargar en tu iPad u ordenador.

Muchas veces me preguntaba cómo era posible que una mujer que era madre pudiera emprender profesionalmente y tener éxito en lo que hacía, manteniendo además la familia unida. Conlleva saber tener balance y ser muy flexible, pero también saber equilibrar nuestras mentes y cuerpos ya que sin ninguna de estas 2 funcionamos correctamente. Al ver que cada día más mujeres pueden lidiar con todos estos roles me di cuenta de que esta es nuestra naturaleza: equilibrar todos los frentes necesarios y además cumpliendo con las expectativas sociales. Creo que fue allí donde asumí que en realidad lo tenemos todo y que el todo está a nuestro alcance, solo necesitamos reorganizarnos y tomar profunda conciencia de lo que hacemos y tenemos diariamente.

En base a estos pensamientos y experiencias fue que nació el evento *Business Galery*, una fusión de formación, asociaciones inteligentes, oportunidades de negocio y arte.

213

⇒ Féminas Business Expansión.
⇒ Women 2 Women business.
⇒ Expansión de marcas.

En estos eventos trabajamos y charlamos profundamente sobre la expansión de la conciencia femenina, de la transformación tanto personal como laboral. Un evento para aquella fémina internacional, líderes en sus mundos, que desean trascender a un nivel más alto junto a otras, en un ambiente donde la belleza, el arte y las altas finanzas se aprecian.

Una fémina líder conoce cuál es su superpoder y qué es lo que la hace única. Por ello, en este libro hablamos de herramientas y ejercicios fáciles de aplicar para ir descubriendo tus superpoderes, conocerlos y abrazarlos, para poder utilizarlos cuando sean necesarios. Siempre y cuando estemos conectadas a nuestro ser, divinidad, poder universal, yo interior, Dios o lo que elijas. Esta conexión es esencial para alimentar nuestra esencia femenina, siendo la mejor persona que puedas ser, sintiéndote feliz y ayudando a otros a que se ocupen también de sentirse realizados y felices. ¡Y mantener aquella ideología de tenerlo todo!

Lo interesante de trabajar tanto internamente como externamente es que se desarrolla un círculo vicioso positivo, donde tú reordenas tus valores, reconociendo cuáles son tus superpoderes, ejecutándolos en dirección a lo que quieres modificar en tu vida, pero al mismo tiempo dando un ejemplo a seguir, enseñando a otras, tendiendo una mano a quienes lo necesitan. Si, además, nos tomamos el tiempo de plantar aquella semillita en muchas de las personas con las que nos relacionamos conseguiremos un impacto colectivo del cual todos nos beneficiaremos. Y todo esto solo como consecuencia y reacción a tus acciones.

Acción y reacción, la tercera ley de Newton.

¿Podemos tenerlo todo...? ¿Qué es todo? ¿Para unas «el todo» es diferente que para otras? ¿El todo es lo que todos queremos supuestamente? ¿El todo es amor, finanzas, sabiduría, paz, abundancia, conocimiento, salud, un buen trabajo, seguridad, etc.? El punto es que todas estas expresiones son muy relativas, todo depende de la necesidad que tengas y de lo que consideres importante en tu vida más que del orden que le quieras dar a todas estas palabras.

Ahora, si hablamos de las féminas líderes no solo en el formato empresarial, sino también mujeres líderes en sus vidas cotidianas o mujeres ejemplares, cada una de ellas tiene otra necesidad por lo que realmente «el todo» es muy diverso. Pero hemos llegado a la conclusión de que con creencias adecuadas, reemplazando patrones limitantes, la autorrealización, el saber quién eres, el tener metas específicas, el estar conectada con tu propia divinidad, el hacer lo que te hace feliz, el vivir una vida saludable expandiendo la conciencia colectiva, el tener un balance entre la vida personal y laboral, incrementando todas estas enseñanzas y habilidades, nos hacen sentirnos felices, en balance, plenas y es allí, en ese instante, cuando lo tenemos todo y todo es perfecto.

Aunque «el todo» tenga niveles de intensidad, cada vez que lo medimos debemos ser conscientes de que está allí, en nuestro presente, y por tanto agradecerlo. La gratitud es una característica que toda líder debe de manejar.

215

Las grandes mentes han aportado a que nuestro mundo evolucione cada vez más y más rápido, dándonos mejores recursos para poder vivir una vida plena, optimizando la calidad de vida de muchos de nosotros, y, por ende, necesitamos entender y asumir que es lo que significa «tenerlo todo».

90 años atrás la mujer lo tenía todo, cuando lograba casarse, tener hijos sanos y cuando el marido podía mantenerla financieramente, eso era un gran logro social y personal. 50 años después «el tenerlo todo» era poder lucir y vestir de forma libre, poder votar y trabajar fuera de casa. Hoy «tenerlo todo» significa mucho más, pero a pesar de esto debemos tomar en consideración que los grandes avances sociales que hemos hecho en estos últimos 100 años no son lo suficiente y que todavía queda mucho trabajo por hacer. Pensemos en la igualdad de derechos, pensemos en

seguridad para mujeres en países desfavorecidos o en el trato de mujeres blancas entre otras. Por ende, las líderes internacionales ya establecidas y las nuevas que estar por venir, debemos de unificarnos y devolver a la sociedad soluciones concretas y resolutivas para que muchas más mujeres logren ser independientes y libres.

Aquí quiero agregar que ser independiente o libre no significa desvalorizar al género masculino, hay muchos hombres que apoyan profundamente el desarrollo femenino como tal y que saben apreciar los valores de nuestro género. El principio de la libertad, es que una mujer sea libre de abusos, acosos sexuales, intimidación, que se respeten sus derechos, estudios, que no exista una desigualdad laboral, machismo, que pueda ejercer una libre elección sin ser juzgada, etc. El principio de independencia es que la mujer pueda ejercer un trabajo, lograr una educación, una carrera significante para ella donde logre sentirse realizada para y por su propio beneficio, si ella así lo desea[26].

216

---

26. http://www.bbc.com/mundo/noticias-38007110

ESTADOS EMOCIONALES.

Para vivir en un mundo donde lo tienes todo y todo es accesible, los estados emocionales en los que vibras son esenciales para una vida plena, tener conciencia de ellos es igual de básico como saber si tienes hambre o no. Cuando sentimos apetito comemos, cuando sentimos sed tomamos agua, cuando nos sentimos sucios nos aseamos. Es lo mismo con los estados emocionales. Tener la capacidad de reconocer tu estado emocional es básico para poder transformarlo cuando sea necesario.

Al aprender a observar tus estados y tomar conciencia sobre ellos, te facilita poder transformarlos en estados más favorables para ti. De hecho, si estás vibrando bajo y te encuentras con temor, deberías solucionarlo con coraje y valor. Ejemplo: imagina que tienes miedo a pedir ayuda en relación a tus hijos, puesto que aquí es necesario exponerte. Es aquí cuando necesitas sacar valor para, al menos un día al mes, pedir ayuda a quien consideres necesario, a una vecina, a un familiar o un profesional. El punto es, tomar conciencia del miedo que sientes, para luego tomar acción ejerciendo valor y personalidad al exponerte en busca de esa ayuda.

ESTADOS EMOCIONALES

1000 -700	*Iluminación /Liberación*
600	*Paz*
540	*Alegría*
500	*Amor*
400	*Razonamiento*
350	*Aceptación*
310	*Complaciencia*
250	*Neutralidad*
200	*Valor*
175	*Orgullo*
150	*Enfado*
125	*Deseo*
100	*Miedo*
75	*Dolor*
50	*Apatía*
30	*Culpa*
20	*Vergüenza*

218

¿Qué dirías si te comentara que podemos controlar nuestros estados emocionales? Cuando sientes vergüenza, puedes fortalecerla con alegría. Al tomar las cosas con humor puedes salir de ese estado emocional de vergüenza que, normalmente, limita. Si sientes vergüenza de hablar en público, por ejemplo, puedes tomar un curso o simplemente exponerte a situaciones donde tengas que hablar en grupos, reuniones, conferencias, cursos, etc. El humor y la alegría aquí te brindan enorme apoyo, reírte de ti misma en ocasiones ayuda a salir de ese estado de temor o vergüenza.

Cuando vibramos bajo, nuestras vidas cotidianas se complican, es por ello que necesitas tener conocimientos de cómo transformar un estado emocional bajo a un estado emocional alto.

Ejercicio a practicar cuando estás en un estado emocional bajo.

- ✓ Constatar estado emocional.
- ✓ Asumir el estado en el que te encuentras y el porqué.
- ✓ Darte 24 horas para aceptar y sentir ese estado.
- ✓ Transformar el estado emocional al deseado, actuando o ejerciendo una actividad que te brinde, por ejemplo, alegría.
- ✓ Escuchar chistes suele ayudar, reírnos es una excelente herramienta para salir de un estado bajo.

219

La idea detrás de todos estos ejercicios es que tomes conciencia de tu presente y de tu estado emocional, actúes de acuerdo a lo que tú escojas en ese momento. «Una fémina líder no vive en el pasado, ni tampoco el futuro. Vive el presente».

PROGRAMACIÓN DE CREENCIAS.

Ya sabemos que con creencias negativas o erróneas es imposible sentirse bien, contentos, satisfechos, felices, etc. Muchas de estas creencias son heredadas de nuestros padres, religiones o de los círculos donde nos encontramos. Por esto es muy importante descubrir cuales creencias son las que te pueden estar causando un problema o limitándote.

Una de las técnicas que a mí me ha ayudado mucho a reemplazar creencias negativas ha sido la descodificación biológica en la cual te liberas de las que están bloqueando tu día a día y se integran nuevas en su lugar. Hay muchas otras terapias que ayudan con este tema.

Por ejemplo, *SAAMA*[27] que es una de mis favoritas y de la que estoy enormemente agradecida por el trabajo y terapias que realicé con Veturian, puesto que con estas sesiones pude reorganizar muchas creencias limitantes y otras cosas más. Otras terapias interesantes pueden ser *NLP* y *PSYCH-K*.

Lo importante aquí es buscar soluciones a lo que te esté limitando, hablar con profesionales y encontrar qué técni-

---

27. *SAAMA: es una fusión de técnicas bioenergéticas, creada por Veturián Arana. Esta terapia permite al practicante encontrar la raíz del problema y eliminar los bloqueos del cuerpo de una manera sencilla y amable. https://www.terapiasaama.com/*

ca te es más eficaz para reprogramar las creencias necesitadas, si así lo consideras. Todo trabajo personal conlleva mucho tiempo, horas de aprendizaje y dedicación, puedes ser una fémina que considere poder evaluar y cambiar sus creencias sin ayuda o sin la guía de un profesional.

Y… ¡SÍ! ¡Claro que se puede! La cosa es el tiempo. ¿Cuánto tiempo estás dispuesta a invertir en ello? Para mí, personalmente, el *coaching* y las terapias son indispensables para un desarrollo continuo a un tiempo ágil en el cual puedas sentirte plena y para que obtengas herramientas efectivas para afrontar los retos de tu mente.

PATRONES LIMITANTES.

Una creencia negativa puede llevarte a un comportamiento o patrón repetitivo que limita la vida cotidiana. Muchos de estos patrones limitantes son una resistencia mental a un cambio. A veces eres consciente de ello y en otras ocasiones no, puesto que tu inconsciente sabe jugar sucio y, por este motivo, sigues saboteando tus sueños y propósitos. De hecho, es una necesidad que descubras cuáles son tus patrones limitantes y comiences a trabajar en ellos. Al trabajar en tu desarrollo personal también descubrirás lo importante que es continuar este proceso. Aconsejo comenzar leyendo mucho sobre el tema, utilizar ejercicios diarios para programar tu mente con patrones positivos y de bienestar e ir anotando cada pensamiento limitante que vayas descubriendo en tu persona para después poder trabajar en ellos concretamente con aquel profesional quien podrá guiarte en estos cambios. A medida que vayas liberándote de los patrones limitantes que has creado, serás más consciente de lo que puedes lograr y alcanzar en esta vida, el trayecto hacia tus metas será mucho más rápido, alcanzable y accesible.

AUTORREALIZACIÓN.

La satisfacción de haber conseguido una meta o de haber cumplido las tareas y objetivos nos hace sentir bien. Aprender a ejecutar correctamente te da seguridad y experiencia. Mientras más autorrealizaciones podamos celebrar, nuestro nivel de satisfacción será más alto. Normalmente comenzamos satisfaciendo nuestras propias necesidades, después las de nuestra gente cercana y luego avanzamos queriendo enseñar o ayudar a otros. Este es el mayor nivel de autorrealización.

225

Esta forma de autorrealización suele alimentar el alma de tal modo que no quieres, ni piensas en dejar de hacerlo. En el mundo laboral la autorrealización proporciona, en algunas personas, seguridad, además de un liderazgo mucho más certero, inspirando confianza y motivando a los de tu entorno.

SABER QUIÉN ERES.

Cuando ya hemos trabajado en los puntos anteriores, podrás fácilmente ir redescubriendo y remodelando quién eres o quién quieres llegar a ser. Además, tienes mejor entendimiento sobre tus valores, tus fortalezas y en base a estas, gestionar la toma de decisiones para llevar esa vida que realmente deseas. Junto a esto puedes descubrir qué te motiva personal y laboralmente desarrollando de una manera más eficaz tus objetivos y metas.

Muchas definen lo que acabo de explicar como «claridad», esta suele posicionarse como el comienzo de todo. Desde mi punto de vista la claridad es como una hermosa nube blanca, se transforma según el momento, aparece o desaparece, y según el ángulo por donde la mires tendrá otra forma, siendo flexible y relativa. Para llegar a ver «la claridad», necesitamos entender que hay pasos anteriores a seguir antes de descubrir realmente a dónde queremos ir o quién queremos ser. Para esto necesitamos todo tipo de conocimientos y en base a estos tomar decisiones concluyendo que lograremos cierta claridad sobre el tema que hemos escogido. Luego, a medida que avanzamos y nos desarrollamos, nos damos cuenta de las necesidades reales que tenemos redirigiendo nuestra atención y muchas veces cambiando ese momento de claridad, por otro. Por tanto, la claridad en aquel momento es tan relativa como flexible puesto que se transforma dependiendo de nuestras necesidades, del momento o de la situación.

Analogía; María estudió biología en la Universidad de Bélgica, a pesar de este título nunca trabajó como bióloga. En su búsqueda laboral encontró un trabajo en una clínica veterinaria, en la zona donde vivía, como ayudante y aprendiz. Ama los animales y por esto le pareció un paso lógico a seguir. Luego de 2 años se dio cuenta de que tenía talento para escribir y comenzó un blog donde escribía consejos y experiencias de cómo cuidar mejor de las mascotas. María nunca tuvo muy claro qué pasos laborales quería dar, solo sabía que le gustaban los animales y disfrutaba de ellos. Después, cuando se casó, pensó que necesitaba escoger el rumbo laboral de su vida, las opciones eran seguir siendo autora de su blog, seguir trabajando con animales o estudiar alguna otra carrera. María, después de observar todo su recorrido laboral y de preguntarse qué quería realmente hacer con su vida, decidió, en ese «momento de claridad», seguir estudiando y optó por la carrera de veterinaria. En el segundo año de esta nueva carrera se dio cuenta de que ella tenía pasión por los animales, mimarles, cuidarles, pero no necesariamente como veterinaria. «Otro momento de claridad» en el que decidió parar con los estudios. Con el dinero que destinaba para los costos de la universidad y con otros ahorros ofrecidos por familiares, montó un pequeño hotel para mascotas. Aquel blog donde escribía cómo cuidar a tu mascota fue la fundación para este nuevo emprendimiento. Como ves, la claridad aparece y desaparece a través del tiempo y de las necesidades que María tenía o tendrá en el futuro. Las féminas que se cuestionan continuamente sus vidas, sus logros o los negocios por realizar, manifiestan claridades bastante flexibles, transformándose continuamente, dependiendo de las necesidades del momento. Al contrario de otras féminas que tienen muy claro lo que quieren o a dónde van, manifestando una claridad certera, necesitando solamente el cómo. ¿Cómo hacerlo? ¿Cómo llegar allí? Y, ¿cuándo hacerlo?, etc., dirigiendo así su vida a donde quieren llegar.

Me gustaría recordarles a mis compañeras féminas que para manifestar en nuestras vidas la abundancia y las cosas que anhelamos, como aquel negocio o la casa de tus sueños o en otras palabras, toda realización material, debemos tener presente que la espiritualidad y el desarrollo personal, lo académico y la ciencia deben de ir de la mano. Sin conexión interna con tu ser, Dios o aquella energía, es muy difícil *crear con sentido*. Crear con conciencia y con sentido nos permite lograr mayores objetivos personales como materiales.

Una fémina líder sabe que necesita ese apoyo interno para descubrir quién es, quién quiere ser y a dónde va. En un mundo tan competitivo la fémina líder necesita acceso a formaciones de alto nivel y saber focalizar las prioridades desarrollando una visión estratégica para poder responder de una manera eficaz y rápida a los retos diarios.

229

Ahora, desde un punto de vista más terrenal, las féminas internacionales y líderes de sus vidas no suelen quedarse estancadas *en paradigmas culturales, precaria educación, temas de identidad o restos que la vida en sí ofrece...* Como hija de padres asilados políticos en Holanda, nunca me vi como una emigrante, tampoco me vi como latina o extranjera. A pesar de esto, sí conocí familias enteras que después de vivir 30 años en Holanda todavía se consideraban extranjeros, sintiéndose discriminados o desfavorecidos. Yo, personalmente, no me sentía chilena, ni latina, ni tampoco holandesa al 100%, solía decir que había fusionado lo mejor de ambas culturas y esa era mi filosofía de vida e identidad. Por muchos años sentí que no encajaba en ninguna de estas culturas, lo que me llevó a ser bastante flexible social y culturalmente para poder sentirme aceptada en cualquier grupo, en consecuencia, esto me llevó a crear contactos y amistades de diferentes nacionalidades. Ya de adulta y manejando mis negocios necesitaba ser más «holandesa» para poder ser comprendida y asimilada como una más del país. Ser local no significa solamente hablar la lengua de la nación donde te encuentras, también es conocer sus hábitos, sus creencias, su forma de expresarse, de hacer y de vivir, adoptando los mismos valores he integrándote y relacionándote en esa sociedad de la misma forma. Pronto me fui dando cuenta que mi visión y filosofía de vida era más extensa, no se limitaba a ser local. Vivir en diferentes países, como Francia, España, Chile, Noruega, Suiza, los fines de semana en Bruselas o en Dusseldorf, te relaciona con el mundo de una manera totalmente diferente. Aprender y experimentar diferentes culturas, convivir en una ciudad como Ámsterdam donde conviven 178 diferentes nacionalidades, creando una ciudad totalmente multicultural realmente te expande la mente.

Los valores personales cambian, la empatía aumenta y los conocimientos se alojan en tu mente poco a poco. Esa capacidad de relacionarte con el mundo a una velocidad más rápida y continua, esa forma de adaptación y flexibilidad es la que necesitamos ejercitar para desarrollar una mentalidad libre de prejuicios, libre de miedos sociales o culturales y así ejecutar, organizando nuestras vidas como nos plazca en base a nuestros valores, sin la necesidad de desvalorizar a otros para posicionarnos. Ya tenemos todas las herramientas que necesitamos para desarrollar nuestros proyectos de vida y sin darnos cuenta trascenderemos a ser féminas internacionales siendo líderes eficaces y justas.

CONCIENCIA.

Básicamente podríamos decir que la conciencia[28] se puede separar entre la conciencia interna y la externa. La conciencia interna implica focalizar nuestra atención y observar nuestro interior para luego aprender a conectarnos con este mismo conscientemente. Para muchos es un ejercicio difícil de practicar pues es una práctica de conciencia espiritual y emocional de un nivel más alto. La conciencia externa es más lo que vemos y sentimos, como nuestro mundo externo a través de la percepción de nuestros sentidos, como algunas de las experiencias en nuestra vida, las cuales nos muestran la repetición de patrones en las relaciones, en el trabajo o en cualquier otro ámbito y no sabemos por qué.

Muchas veces pensamos que es mala suerte. Nos preguntamos: ¿Por qué nos ocurre a nosotros? O sentimos que el mundo está totalmente en nuestra contra. Es una forma de conciencia automática y grabada por generaciones en nuestras mentes colectivas. Si te observas y logras descubrir estos patrones, es allí cuando tomamos conciencia interna y comprendemos los aparentes sentidos de nuestra

---

28. *Definición de conciencia: Conocimiento sobre el espíritu humano, su propia existencia, de su estado y de sus actos. Conocimiento del bien y del mal. https://www.youtube.com/watch?v=XgGbxhBBM6A*

vida. Muchas veces queremos cambiar, sin embargo, repetimos comportamientos, haciendo las mismas cosas, generando los mismos pensamientos y los mismos resultados una y otra vez.

Muchos de estos actos repetitivos se generan por lo que hemos escuchado y aprendido desde niños. Al tomar conciencia comprendemos que las experiencias que vivimos tenían una enseñanza y un motivo. Necesitamos asumir que las situaciones que vives son una oportunidad para crecer y aprender. Depende de ti cuántas veces quieres repetir las vivencias.

Mi padre siempre dice: «Cuando algo te sucede por primera vez, es la inexperiencia que tienes, si lo mismo te sucede una segunda vez, es mejor poner en duda si has aprendido algo de la primera experiencia. Si te ocurre una tercera vez, ¡¡¡es que te gusta!!!

En otras palabras, si te maltratan una vez, puede suceder. Si te vuelven a maltratar por segunda vez, no has aprendido de la experiencia y necesitas evaluar. Si te maltratan por tercera vez, ¡es que te gusta ser maltratada!»

Toma conciencia, aprende, suelta y avanza.

Esto es algo duro de aceptar, pero creo sinceramente que es cierto. Tomar conciencia aprendiendo de los errores y experiencias va a depender de la capacidad que tengamos de autoobservación, autoliderazgo y de nuestra inteligencia emocional.

Finalizando con el tema de los estados emocionales, me gustaría recalcar la importancia de aprender a gestionarlos para mantener una continua vibración alta y positiva, además de una actitud saludable sintiéndote agradecida por la vida que llevas, las experiencias que te han tocado vivir y siendo consciente de que estos pensamientos nos mantienen en un camino de transformación constante. Cuanto mejor sea tu actitud más te sorprenderás de tus propios resultados... Haz lo que sea necesario para mantener un estado emocional alto y positivo, oír música, bailar, hacer ejercicio, meditación, reír o cantar son opciones viables para vibrar en un continuo estado elevado. Cuando tu mente es positiva y tus pensamientos son claros, puedes enfrentar y solucionar cualquier desafío que se te presente en el camino. Lo bueno de aprender a enfrentar los desafíos diarios con una actitud poderosa y clara es que pierden totalmente su poder sobre ti.

Todas tenemos la misma cantidad de tiempo, pero algunas féminas parecieran aprovechar sus días al máximo, mientras a otras les pesa el día. Asegúrate de ejercitar el control de tus emociones para comenzar tus días vibrando alto. De la misma manera que ejercitamos nuestro cuerpo para transformarlo en un cuerpo más sano, delgado y fuerte, podemos ejercitar nuestros pensamientos y estados emocionales. Alimenta tu mente con conocimientos, libros, afirmaciones, conciencia y desarrollo personal. No temas a los cambios, teme a continuar en este mismo lugar y a ser la misma persona dentro de 1, de 5 o de 10 años más.

Por último, responsabilízate de vivir una vida feliz, para ello ejercita y alimenta tu mente, controla tus estados emocionales, esto no significa la negación a la tristeza o a la desilusión, esto significa aprender a reconocer tu estado emocional, sentirlo, aceptarlo y cambiarlo cuando tú lo sientas conveniente.

AMOR Y SEXO.

Llevamos una agenda llena de citas, obligaciones, tareas y objetivos a realizar, para esto necesitamos estar en forma, como ya hemos hablado anteriormente. Una forma efectiva, que también mantiene el romance en nuestra relación de pareja, que estimula y satisface las necesidades de una pareja, es el sexo. ¡Las relaciones sexuales nos sientan de maravilla! Soltando estrés acumulado, sintiéndonos deseadas, amadas y contentas. Yo soy partidaria del sexo matutino, pero soy más feliz con las pausas sexuales durante el día, ya que por la noche ambos solemos estar cansados como resultado de días ajetreados. Estando agotadas del día sentirnos sexy y dedicarle atención a nuestra pareja como nos gustaría, se vuelve, en ocasiones, agobiante y agotador. Normalmente por las noches tenemos más necesidad de momentos cariñosos, de mimos, sentirnos cobijadas, de apoyo emocional más que de montar una noche de pasión. Muy por contrario a una pausa de pasión sexual durante el día, la cual obra sus beneficios.

Otro punto positivo acerca de un encuentro pasional durante el día es que de esta manera ambos, tu pareja y tú, reconectan con más frecuencia, fortaleciendo la unión de la pareja. ¿Habéis escuchado cuando suelen decir: «Mujer feliz, hombre feliz», refiriéndose a que si el hombre sabe mantener a su mujer feliz, contenta y satisfecha, la relación se mantendrá viento en popa? Me gustaría pensar que este dicho puede ir en ambas direcciones... «¡Hombre feliz, mujer feliz!» Confirmando que si sabemos mantener a nuestra pareja y a nosotras mismas sexualmente satisfechas, disfrutaremos de una relación y conexión con nuestra media naranja tanto duradera como feliz. Asimismo, es una realidad confirmada científicamente que los niveles de testosterona y de energía generadas al compartir un encuentro sexual son más altos por la mañana y durante el día que por las noches. Según un estudio de la Escuela de Londres de Economía y Ciencias políticas (London School of Economics and Political Science), en el Reino Unido, el mejor día para tener sexo serían los jueves, y esto se debe a que el cuerpo produce más hormonas sexuales y de una manera más activa ese día que el resto de la semana.

En fin, el sexo en sí, es una excelente forma de liberar endorfinas, independientemente de la hora o el día, nos ayuda a sentirnos más felices, alimentando nuestra relación de pareja y además nos ayuda a enfrentarnos de una manera más positiva a la vida y a la solución de conflictos cotidianos.

El amor sincero, al igual que el sexo, es fundamental en nuestras vidas. Muchas veces no queremos hablar de ello, no queremos sentir que lo necesitamos por nuestras ideologías, creencias o prejuicios, pero es un hecho que el ser humano necesita amor, no solamente el amor de pareja, sino también el amor de la familia, de los hijos, de nuestros padres, de los amigos y de nuestras mascotas. La necesidad de recibir amor viene desde que estamos en el vientre de nuestra madre. Aprendimos pronto que si lloramos recibiremos amor hasta el momento que somos capaces de entender que, así como nuestra madre nos brinda amor, nosotros también debemos querernos y aceptarnos a nosotros mismos para luego, de adultos, poder dar amor sincero a otros. Si no aprendemos esta lección primaria siempre estaremos en busca de una persona externa que nos brinde amor para sentirnos aceptadas, comprendidas y queridas.

El amor se demuestra a través de nuestros gestos, abrazos o mimos. Decimos te amo o te quiero e intentamos demostrarlo en nuestros actos de cuidados hacia los que queremos, pero el amor va mucho más allá. Generamos señales de amor cuando enseñamos a otros o cuando escuchamos atentos y damos palabras de ánimo y comprensión. No caigas en tu propia trampa asumiendo que cuando das cuidados, amor y mimos recibirás amor o atenciones a cambio de ello. Brinda amor y mimos sin expectativas, aprende a amar y expresa lo que sientes sin vergüenza y sin miedos. Cultiva en otros los que te gustaría recibir[29].

237

29. *Rita, madre de 6 hijos, de origen portugués, vive en Ámsterdam y es una supe-rempresaria, mira este vídeo: https://youtu.be/KXroOr0qeJ*

*«La fémina líder tiene claro que con
el amor se nace
y que ¡el sexo se aprende!»*

PALABRAS FINALES.

Muchas leerán este libro y pensarán que soy una feminista empedernida y tengo que decir que SÍ, soy culpable de ello al defender la igualdad de derechos de género. Ser feminista, desde mi punto de vista, no significa desaprobar a los hombres o su forma de liderar, ni tampoco desvalorizar sus méritos, todo lo contrario, significa reconocer y además admirar sus virtudes. Ser feminista, para mí, es fortalecer a esa mujer líder, ayudarla a ser libre y a ser consciente de que tiene muchas capacidades, habilidades y herramientas para liderar de una forma justa, sabia y efectiva. Y digo NO a un feminismo masculino donde la mujer se descuida físicamente, reniega de su feminidad o considera el libertinaje una forma de igualarse al típico Alfa masculino. Al contrario, apoyo y promuevo que la mujer y el hombre puedan liderar en el mundo laboral tanto como en lo privado, juntos y en balance, aceptando las diferencia de cada uno.

Una forma de liderazgo, quizás totalmente diferente a la de un líder masculino, pero igualmente valorable y posible. De hecho, las empresas que llevan una directiva mixta tienen un 45% más de beneficios anuales. En familias donde la mujer es libre, vemos efectividad máxima en el desarrollo personal del resto de los miembros donde el apoyo y la colaboración entre adultos facilita el alcanzar metas en común.

Conocemos el dicho: «Detrás de un gran hombre hay una gran mujer». Así como muchas de nosotras hemos sabido apoyar y empoderar a nuestras parejas, quizás sea tiempo de aprender a apoyarnos las unas a las otras unificando fuerzas, trabajando juntas para lograr una vida plena, feliz y con más seguridades sociales para todas nosotras y para las que vendrán después, reemplazando la típica competencia y rivalidad femenina por *colaboración*.

Superféminas es una ideología, es un estilo de vida, es una visión donde la mujer es libre de escoger cómo gestionar su vida y su persona, es una ideología donde las mujeres se apoyan para alcanzar objetivos, hacer negocios y generar capital. Una superfémina puede ser nacional, europea o internacional, puede ser madre, soltera, deportista o política. Su visión, su ideología y su forma de interactuar con el mundo es la que la define.

Súmate a nuestra comunidad @superfeminas

CONSEJOS

- ✓ Piensa y sueña en grande, solo realizando un cuarto de ese gran sueño estás realizando grandes cosas.
- ✓ Piensa a largo plazo, a 1, a 5 y a 10 años.
- ✓ Crea abundancia, vibrando en estados emocionales altos.
- ✓ Cuida de tu cuerpo y alimenta tu espíritu.
- ✓ Viste para impresionar.
- ✓ Busca, mujeres de tu tribu. ¡Juntas es mejor!
- ✓ Sé ejemplar.
- ✓ Utiliza y ejerce tus valores.
- ✓ Aprende, lee y fórmate.
- ✓ Ten una mentalidad abierta a cambios.
- ✓ Confía en tus decisiones.
- ✓ Comparte tu energía.
- ✓ Recuerda los regalos sociales.
- ✓ Sé gentil.
- ✓ Colabora y unifica.
- ✓ Danza y abraza tus miedos.
- ✓ Elige, experimenta y reinvéntate, si es necesario.
- ✓ Da y disfruta dando.
- ✓ Observa, aprende, suelta y sigue avanzando.
- ✓ No te olvides de tus amigas o de tu tribu cuando entres en alguna relación.
- ✓ Reemplaza competición por colaboración.

«Lo que hagas diariamente determinará tu futuro.»

#MilesMurderdock

SUPERFÉMINAS.

❖ Rita, madre de 6 hijos, de origen portugués, vive en Ámsterdam y es una superempresaria, mira este video: *https://www.youtube.com/user/rockygtv*

❖ Grace Bonny, de origen asiático americano, madre y fundadora de designsponge.com
https://www.youtube.com/watch?v=FB_HF5Mm1Ms

❖ Jodie Patterson, de origen afroamericano, vive en USA, esposa, madre de 5 hijos, empresaria y fundadora de Giorga.com, productos y cuidados de belleza. https://www.youtube.com/watch?v=FB_HFMm1Ms

❖ Karin Bohn, fundadora de interiores Karin Bohn.com
http://karinbohn.com/about/

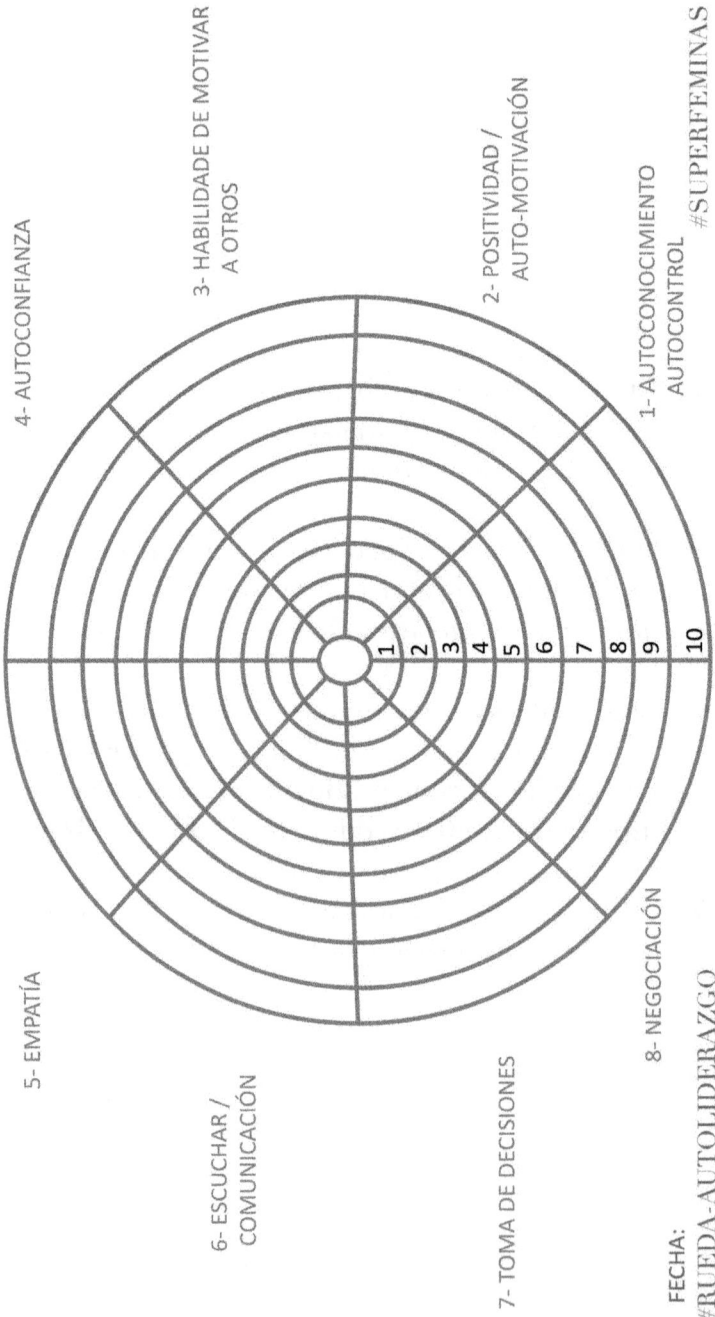

1- AUTOCONOCIMIENTO AUTOCONTROL

2- POSITIVIDAD / AUTO-MOTIVACIÓN

3- HABILIDADE DE MOTIVAR A OTROS

4- AUTOCONFIANZA

5- EMPATÍA

6- ESCUCHAR / COMUNICACIÓN

7- TOMA DE DECISIONES

8- NEGOCIACIÓN

#SUPERFEMINAS

FECHA:
#RUEDA-AUTOLIDERAZGO

1 2 3 4 5 6 7 8 9 10

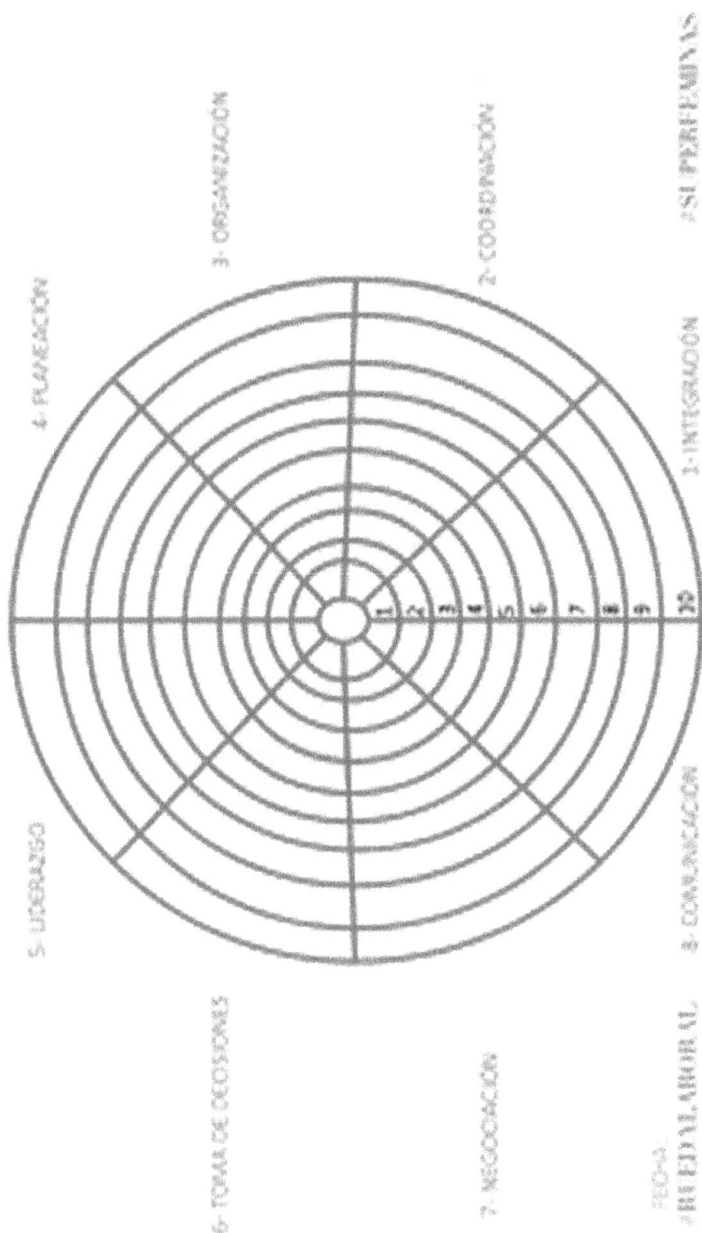

Lucía Allende

246

MES : _____

FECHA	GASTOS	INGRESOS	COMIDA & COMPRAS	ALQUILER/ HIPOTECA	TRANSPORTE	SHOPPING / ROPAS	SEGUROS	OTROS
		€	€	€	€	€	€	€
		€	€	€	€	€	€	€
		€	€	€	€	€	€	€
		€	€	€	€	€	€	€
		€	€	€	€	€	€	€
		€	€	€	€	€	€	€
		€	€	€	€	€	€	€
		€	€	€	€	€	€	€
		€	€	€	€	€	€	€
		€	€	€	€	€	€	€
		€	€	€	€	€	€	€
		€	€	€	€	€	€	€
		€	€	€	€	€	€	€
		€	€	€	€	€	€	€
		€	€	€	€	€	€	€
		€	€	€	€	€	€	€

TOTAL DE INGRESOS _____ €
TOTAL DE GASTOS - _____ €

REFERENCIAS.

Diccionario Real Académico de la lengua española.
http://www.rae.es/

Feminismo *Significado* 1. m. Principio de igualdad de los derechos de la mujer y el hombre.
https://www.aboutespanol.com/cual-es-el-origen-del-termino-feminismo-1271576

Fourier empleó el neologismo *feminismo* en 1837, según la politóloga Leslie F. Goldstein, especialista en derechos de la mujer.

*«Si tomamos algún riesgo,
la posibilidad de perder existe,
pero si no arriesgamos
¡Siempre perderemos!»*

#MissAllende

BIOGRAFÍA

Mi querida amiga Silvia me pregunta: ¿quién es Lucía? Automáticamente mi respuesta en ese entonces fue: Lucía es… mmm… soy empresaria.

Fue allí cuando ella repite la pregunta: ¿quién es Lucía? Afirmando: «no pregunto en qué trabaja Lucía, sino quién es…»

Me detuve a pensar… ¿quién soy? Pronto llegué a la conclusión de que soy: muchas cosas, soy hija, soy madre, soy hermana, soy nieta, soy amiga, soy mujer, soy sensible, soy romántica, soy creadora, soy loca, soy proveedora, soy solidaria, soy gentil, soy real, soy cabeza dura, soy aventurera, soy complicada, soy cercana, soy cariñosa, soy fuerte, soy amor.… todas esas cosas, y más, soy yo.

Crecí, estudié y viví toda una vida en la ciudad de Ámsterdam, Holanda. De padres chilenos (ambos), y de segunda generación de inmigrantes políticos, aprendí a escoger lo mejor de estas 2 hermosas culturas. Mi padre de origen italiano, español y chileno, un hombre de gran carisma, analítico, seguro, inteligente y fuerte, tuvo la conciencia de, a temprana edad, cultivar en mí habilidades como la estructura, ser independiente, ser emocionalmente fuerte, asertiva, soñar en grande y muchas otras cosas más. Estas habilidades fueron mis mejores compañeras, cuando a la edad de 21 años comencé con mi primer negocio. Junto a todo esto agradezco mis largas estancias en Francia,

Noruega, Suiza y España. Estos países me han enseñado a ser flexible y entender las diferencias sociales como culturales. Por mi curiosidad innata me encanta estudiar, esto no fue siempre así. También viví momentos en que me sentí rechazada o totalmente fuera de lugar, imagino que como muchas. Pero gracias a esa fuerza emocional avancé a la vida que hoy en día disfruto. La vida ideal para mí sería estudiar cada año algo diferente y seguir trabajando en lo que me apasiona. Junto a las 3 carreras que he podido estudiar, estos últimos años me ha interesado especializarme en diferentes sectores. Una de las maestrías que he disfrutado más ha sido negocios internacionales junto a la maestría en psicología positiva y fortalezas HHRR. Mi pasión es la moda, el diseño, las textiles y por ello me he dedicado a la expansión de marcas y al desarrollo de estas. Académicamente me siento satisfecha, pero me encantaría seguir con un doctorado en ciencias políticas.

252 *Pienso que lo que más me ha dado seguridad, como mujer y como profesional, ha sido la experiencia laboral que he logrado llevar, en total más de 20 años dirigiendo y desarrollando mis negocios, 13 años en el desarrollo de franquicias y la expansión de estas, 7 años en el mundo inmobiliario y 5 años en la expansión de marcas de textil por Europa. Dediqué bastante tiempo al desarrollo de mi fundación destinada al arte y al diseño, con la meta de ayudar a nuevas marcas a expandir su producto globalmente. Como en todos los negocios, he vivido altos y bajos, aprendí que no todo lo que brilla es oro, que son horas de trabajo intenso, negociaciones y que no siempre sales triunfante en los proyectos, pero cada una de estas experiencias brindan nuevas oportunidades y lecciones potentes de vida.*

La misión de este libro es fortalecer, mentorizar y apoyar a la mujer, aportar mis experiencias, poniendo a vuestro alcance herramientas fáciles y efectivas para el desarrollo laboral, personal o el de tu negocio. Unificar fuerzas femeninas, unificar empresas delegadas por líderes femeninas y unificar tu YO con la divinidad logrando ser una mujer con una mentalidad y una visión internacional, unificando pensamientos positivos y construyendo asociaciones inteligentes. Solo entonces lograremos grandes movimientos globales para la fémina actual.

FUENTES.

https://thevalkyriesvigil.com/2014/03/09/sociedad-vikinga-i-el-papel-de-la-mujer-en-la-sociedad-vikingo-escandinava/

http://www.lavanguardia.com/cultura/20170909/431159142287/mujeres-vikingo-lideres-guerreras.html

https://www.sanmiguel.es/food-explorers/recetas/las-10-ciudades-mas-multiculturales-del-mundo/

https://www.elnuevodia.com/estilosdevida/amorysexualidad/nota/7tiposdemujeresirresistiblesparaelgeneromasculino-1714581/

https://wapa.pe/sociales/2015-11-08-por-que-los-hombres-prefieren-las-mujeres-de-caracter-fuerte

http://siempremujer.com/estilo/tipos-de-mujer-que-existen/85296/

http://www.bibocurrency.com/index.php/es/downloads-3/25-spanish-root/learn/203-la-importancia-de-la-estabilidad-en-el-analisis-de-los-sistemas-de-dinero

https://www.lasexta.com/programas/los-hygge/mejores-momentos/que-es-el-hyggecomo-se-pronun-

cia-asi-es-la-filosofia-danesa-que-enamora-al-mundo_
2017042158fb0ed10cf2461b6de1db02.html

https://bcncoolhunter.com/2018/06/tendencias-esti-
lo-de-vida-2018/

https://mujerholistica.com/la-energia-del-dinero-abundancia/

https://www.bizcatalyst360.com/why-having-an-interna-
tional-mindset-in-business-is-powerful/

http://www.respiravida.net

https://www.shopify.com/blog/211226825-18-entrepre-
neur-books-by-women

https://youtu.be/Yy7StVk28bs

https://blog.cognifit.com/es/piramide-de-maslow/

http://www.iepp.es/es/

https://entrepreneura.eu

LIBROS FUENTES

- ❖ La mujer ideal es una BITCH, Sherry Argov.
- ❖ The science of getting rich, Tiffany Angeles.
- ❖ El privilegio de vivir, Silvia Garcia Tapia.
- ❖ Pensar rápido, pensar despacio, Daniel Kahneman.
- ❖ From fed-up to fabulous, Verónica Sosa.
- ❖ Happy women, happy world, Beate Chelette.
- ❖ The Little book of business secrets that work, Jacky Camacho.
- ❖ Girlboss, Sophia Amoruso.
- ❖ Tranquilista, Kimberly Wilson.
- ❖ Passion, perseverance and the science of succes, Angela Duckworth.
- ❖ The confidence code, Katty Kay & Claire Shipman.
- ❖ Maximum business growth for women, Tineke Rensen.
- ❖ Felicidad en un vestido, Cécile Narinx.
- ❖ Pastilla roja para tu negocio, Carlos Delgado.
- ❖ El secreto de los nuevos ricos, Josué Rodríguez.
- ❖ Year of the Yes, Shonda Rhimes.
- ❖ Make money, No excuses, Jean Chatzky.
- ❖ How to invest your time like money, Elizabeth Grace.
- ❖ Invest Diva's, Kiana Danial.
- ❖ Alpha male, Keith Braxton.
- ❖ Money rules, Jean Chatzky.
- ❖ Million dollar women, Julia Pimsleur.
- ❖ In company of women, Grace Bonney.